心一堂術數古籍珍本叢刊

書名：命相談奇（虛白廬藏本） 第十集
系列：心一堂術數古籍珍本叢刊 星命類 相術類 第三輯 320
作者：齊東野
主編、責任編輯：陳劍聰
心一堂術數古籍珍本叢刊編校小組：陳劍聰 素聞 鄒偉才 虛白盧主 丁鑫華

出版：心一堂有限公司
通訊地址：香港九龍旺角彌敦道六一〇號荷李活商業中心十八樓〇五—〇六室
深港讀者服務中心‧中國深圳市羅湖區立新路六號羅湖商業大厦負一層〇〇八室
電話號碼：(852)9027-7110
網址：publish.sunyata.cc
電郵：sunyatabook@gmail.com
網店：http://book.sunyata.cc
淘寶店地址：https://sunyata.taobao.com
微店地址：https://weidian.com/s/1212826297
臉書：https://www.facebook.com/sunyatabook
讀者論壇：http://bbs.sunyata.cc/

版次：二零一五年六月初版
平裝

定價：港幣 一百零八元正
新台幣 四百八十元正

國際書號：ISBN 978-988-8583-94-2

香港發行：香港聯合書刊物流有限公司
地址：香港新界荃灣德士古道二二〇—二四八號荃灣工業中心十六樓
電話號碼：(852)2150-2100
傳真號碼：(852)2407-3062
電郵：info@suplogistics.com.hk
網址：http://www.suplogistics.com.hk

台灣發行：秀威資訊科技股份有限公司
地址：台灣台北市內湖區瑞光路七十六巷六十五號一樓
電話號碼：+886-2-2796-3638
傳真號碼：+886-2-2796-1377
網絡書店：www.bodbooks.com.tw
台灣秀威書店讀者服務中心：
地址：台灣台北市中山區松江路二〇九號一樓
電話號碼：+886-2-2518-0207
傳真號碼：+886-2-2518-0778
網絡書店：http://www.govbooks.com.tw

中國大陸發行 零售：深圳心一堂文化傳播有限公司
深圳地址：深圳市羅湖區立新路六號羅湖商業大厦負一層〇〇八室
電話號碼：(86)0755-82224934

心一堂微店二維碼

心一堂淘寶店二維碼

心一堂術數古籍 珍本 叢刊 總序
整理

術數定義

術數，大概可謂以「推算（推演）、預測人（個人、群體、國家等）、事、物、自然現象、時間、空間方位等規律及氣數，並或通過種種『方術』，從而達致趨吉避凶或某種特定目的」之知識體系和方法。

術數類別

我國術數的內容類別，歷代不盡相同，例如《漢書・藝文志》中載，漢代術數有六類：天文、曆譜、五行、蓍龜、雜占、形法。至清代《四庫全書》，術數類則有：數學、占候、相宅相墓、占卜、命書、相書、陰陽五行、雜技術等，其他如《後漢書・方術部》、《藝文類聚・方術部》、《太平御覽・方術部》等，對於術數的分類，皆有差異。古代多把天文、曆譜、及部分數學均歸入術數類，而民間流行亦視傳統醫學作為術數的一環；此外，有些術數與宗教中的方術亦往往難以分開。現代民間則常將各種術數歸納為五大類別：命、卜、相、醫、山，通稱「五術」。

本叢刊在《四庫全書》的分類基礎上，將術數分為九大類別：占筮、星命、相術、堪輿、選擇、三式、讖諱、理數（陰陽五行）、雜術（其他）。而未收天文、曆譜、算術、宗教方術、醫學。

術數思想與發展——從術到學，乃至合道

我國術數是由上古的占星、卜筮、形法等術發展下來的。其中卜筮之術，是歷經夏商周三代而通過「龜卜、蓍筮」得出卜（筮）辭的一種預測（吉凶成敗）術，之後歸納並結集成書，此即現傳之《易

經》。經過春秋戰國至秦漢之際，受到當時諸子百家的影響、儒家的推崇，遂有《易傳》等的出現，原本是卜筮術書的《易經》，被提升及解讀成有包涵「天地之道（理）」之學。因此，《易．繫辭傳》曰：「易與天地準，故能彌綸天地之道。」

漢代以後，易學中的陰陽學說，與五行、九宮、干支、氣運、災變、律曆、卦氣、讖緯、天人感應說等相結合，形成易學中象數系統。而其他原與《易經》本來沒有關係的術數，如占星、形法、選擇，亦漸漸以易理（象數學說）為依歸。《四庫全書．易類小序》云：「術數之興，多在秦漢以後。要其旨，不出乎陰陽五行，生尅制化。實皆《易》之支派，傳以雜說耳。」至此，術數可謂已由「術」發展成「學」。

及至宋代，術數理論與理學中的河圖洛書、太極圖、邵雍先天之學及皇極經世等學說給合，通過術數以演繹理學中「天地中有一太極，萬物中各有一太極」（《朱子語類》）的思想。術數理論不單已發展至十分成熟，而且也從其學理中衍生一些新的方法或理論，如《梅花易數》、《河洛理數》等。

在傳統上，術數功能往往不止於僅僅作為趨吉避凶的方術，及「能彌綸天地之道」的學問，亦有其「修心養性」的功能，「與道合一」（修道）的內涵。《素問．上古天真論》：「上古之人，其知道者，法於陰陽，和於術數。」數之意義，不單是外在的算數、歷數、氣數，而是與理學中同等的「道」、「理」--心性的功能，北宋理氣家邵雍對此多有發揮：「聖人之心，是亦數也」、「萬化萬事生乎心」、「心為太極」。《觀物外篇》：「先天之學，心法也。……蓋天地萬物之理，盡在其中矣，心一而不分，則能應萬物。」反過來說，宋代的術數理論，受到當時理學、佛道及宋易影響，認為心性本質上是等同天地之太極。天地萬物氣數規律，能通過內觀自心而有所感知，即是內心也已具備有術數的推演及預測、感知能力；相傳是邵雍所創之《梅花易數》，便是在這樣的背景下誕生。

《易．文言傳》已有「積善之家，必有餘慶；積不善之家，必有餘殃」之說，至漢代流行的災變說及讖緯說，我國數千年來都認為天災，異常天象（自然現象），皆與一國或一地的施政者失德有關；下至家族、個人之盛衰，也都與一族一人之德行修養有關。因此，我國術數中除了吉凶盛衰理數之外，人心的德行修養，也是趨吉避凶的一個關鍵因素。

術數與宗教、修道

在這種思想之下，我國術數不單只是附屬於巫術或宗教行為的方術，又往往是一種宗教的修煉手段--通過術數，以知陰陽，乃至合陰陽（道）。「其知道者，法於陰陽，和於術數。」例如，「奇門遁甲」術中，即分為「術奇門」與「法奇門」兩大類。「法奇門」中有大量道教中符籙、手印、存想、內煉的內容，是道教內丹外法的一種重要外法修煉體系。甚至在雷法一系的修煉上，亦大量應用了術數內容。此外，相術、堪輿術中也有修煉望氣（氣的形狀、顏色）的方法；堪輿家除了選擇陰陽宅之吉凶外，也有道教中選擇適合修道環境（法、財、侶、地中的地）的方法，以至通過堪輿術觀察天地山川陰陽之氣，亦成為領悟陰陽金丹大道的一途。

易學體系以外的術數與的少數民族的術數

我國術數中，也有不用或不全用易理作為其理論依據的，如揚雄的《太玄》、司馬光的《潛虛》。也有一些占卜法、雜術不屬於《易經》系統，不過對後世影響較少而已。

外來宗教及少數民族中也有不少雖受漢文化影響（如陰陽、五行、二十八宿等學說。）但仍自成系統的術數，如古代的西夏、突厥、吐魯番等占卜及星占術，藏族中有多種藏傳佛教占卜術、苯教占卜術、擇吉術、推命術、相術等；北方少數民族有薩滿教占卜術；不少少數民族如水族、白族、布朗族、佤族、彝族、苗族等，皆有占雞（卦）草卜、雞蛋卜等術，納西族的占星術、占卜術，彝族畢摩的推命術、占卜術……等等，都是屬於《易經》體系以外的術數。相對上，外國傳入的術數以及其理論，對我國術數影響更大。

曆法、推步術與外來術數的影響

我國的術數與曆法的關係非常緊密。早期的術數中，很多是利用星宿或星宿組合的位置（如某星在某州或某宮某度）付予某種吉凶意義，并據之以推演，例如歲星（木星）、月將（某月太陽所躔之宮次）等。不過，由於不同的古代曆法推步的誤差及歲差的問題，若干年後，其術數所用之星辰的位置，已與真實星辰的位置不一樣了；此如歲星（木星），早期的曆法及術數以十二年為一周期（以應地支），與木星真實周期十一點八六年，每幾十年便錯一宮。後來術家又設一「太歲」的假想星體來解決，是歲星運行的相反，週期亦剛好是十二年。而術數中的神煞，很多即是根據太歲的位置而定。又如六壬術中的「月將」，原是立春節氣後太陽躔娵訾之次而稱作「登明亥將」，至宋代，因歲差的關係，要到雨水節氣後太陽才躔娵訾之次，當時沈括提出了修正，但明清時六壬術中「月將」仍然沿用宋代沈括修正的起法沒有再修正。

由於以真實星象周期的推步術是非常繁複，而且古代星象推步術本身亦有不少誤差，大多數術數除依曆書保留了太陽（節氣）、太陰（月相）的簡單宮次計算外，漸漸形成根據干支、日月等的各自起例，以起出其他具有不同含義的眾多假想星象及神煞系統。唐宋以後，我國絕大部分術數都主要沿用這一系統，也出現了不少完全脫離真實星象的術數，如《子平術》、《紫微斗數》、《鐵版神數》等。後來就連一些利用真實星辰位置的術數，如《七政四餘術》及選擇法中的《天星選擇》，也已與假想星象及神煞混合而使用了。

隨着古代外國曆（推步）、術數的傳入，如唐代傳入的印度曆法及術數，元代傳入的回回曆等，其中我國占星術便吸收了印度占星術中羅睺星、計都星等而形成四餘星，又通過阿拉伯占星術而吸收了其中來自希臘、巴比倫占星術的黃道十二宮、四大（四元素）學說（地、水、火、風），並與我國傳統的二十八宿、五行說、神煞系統並存而形成《七政四餘術》。此外，一些術數中的北斗星名，不用我國傳統的星名：天樞、天璇、天璣、天權、玉衡、開陽、搖光，而是使用來自印度梵文所譯的：貪狼、巨門、祿存、文曲，廉貞、武曲、破軍等，此明顯是受到唐代從印度傳入的曆法及占星術所影響。如星命術中的《紫微斗數》及堪輿術中的《撼龍經》等文獻中，其星皆用印度譯名。及至清初《時憲曆》，置閏之法則改用西法「定氣」。清代以後的術數，又作過不少的調整。

此外，我國相術中的面相術、手相術，唐宋之際受印度相術影響頗大，至民國初年，又通過翻譯歐西、日本的相術書籍而大量吸收歐西相術的內容，形成了現代我國坊間流行的新式相術。

陰陽學——術數在古代、官方管理及外國的影響

術數在古代社會中一直扮演着一個非常重要的角色，影響層面不單只是某一階層、某一職業、某一年齡的人，而是上自帝王，下至普通百姓，從出生到死亡，不論是生活上的小事如洗髮、出行等，大事如建房、入伙、出兵等，從個人、家族以至國家，從天文、氣象、地理到人事、軍事，從民俗、學術到宗教，都離不開術數的應用。我國最晚在唐代開始，已把以上術數之學，稱作陰陽（學），行術數者稱陰陽人。（敦煌文書、斯四三二七唐《師師漫語話》：「以下說陰陽人謾語話」，此說法後來傳入日本，今日本人稱行術數者為「陰陽師」）。一直到了清末，欽天監中負責陰陽術數的官員中，以及民間術數之士，仍名陰陽生。

古代政府的中欽天監（司天監），除了負責天文、曆法、輿地之外，亦精通其他如星占、選擇、堪輿等術數，除在皇室人員及朝庭中應用外，也定期頒行日書、修定術數，使民間對於天文、日曆用事吉凶及使用其他術數時，有所依從。

我國古代政府對官方及民間陰陽學及陰陽官員，從其內容、人員的選拔、培訓、認證、考核、律法監管等，都有制度。至明清兩代，其制度更為完善、嚴格。

宋代官學之中，課程中已有陰陽學及其考試的內容。（宋徽宗崇寧三年〔一一零四年〕崇寧算學令：「諸學生習……並曆算、三式、天文書。」「諸試……三式即射覆及預占三日陰陽風雨。天文即預

定一月或一季分野災祥，並以依經備草合問為通。」

金代司天臺，從民間「草澤人」（即民間習術數人士）考試選拔：「其試之制，以《宣明曆》試推步，及《婚書》、《地理新書》試合婚、安葬，並《易》筮法，六壬課、三命、五星之術。」（《金史》卷五十一・志第三十二・選舉一）

元代為進一步加強官方陰陽學對民間的影響、管理、控制及培育，除沿襲宋代、金代在司天監掌管陰陽學及中央的官學陰陽學課程之外，更在地方上增設陰陽學課程（《元史・選舉志一》：「世祖至元二十八年夏六月始置諸路陰陽學。」）地方上也設陰陽學教授員，培育及管轄地方陰陽人。（《元史・選舉志一》：「（元仁宗）延祐初，令陰陽人依儒醫例，於路、府、州設教授員，凡陰陽人皆管轄之，而上屬於太史焉。」）自此，民間的陰陽術士（陰陽人），被納入官方的管轄之下。

至明清兩代，陰陽學制度更為完善。中央欽天監掌管陰陽學，明代地方縣設陰陽學正術，各州設陰陽學典術，各縣設陰陽學訓術。陰陽人從地方陰陽學肆業或被選拔出來後，再送到欽天監考試。（《大明會典》卷二二三：「凡天下府州縣舉到陰陽人堪任正術等官者，俱從吏部送（欽天監），考中，送回選用；不中者發回原籍為民，原保官吏治罪。」）清代大致沿用明制，凡陰陽術數之流，悉歸中央欽天監及地方陰陽官員管理、培訓、認證。至今尚有「紹興府陰陽印」、「東光縣陰陽學記」等明代銅印，及某某縣某某之清代陰陽執照等傳世。

清代欽天監漏刻科對官員要求甚為嚴格。《大清會典》「國子監」規定：「凡算學之教，設肄業生。滿洲十有二人，蒙古、漢軍各六人，於各旗官學內考取。漢十有二人，於舉人、貢監生童內考取。附學生二十四人，由欽天監選送。教以天文演算法諸書，五年學業有成，舉人引見以欽天監博士用，貢監生童以天文生補用。」學生在官學肄業、貢監生肄業或考得舉人後，經過了五年對天文、算法、陰陽學的學習，其中精通陰陽術數者，會送往漏刻科。而在欽天監供職的官員，《大清會典則例》「欽天監」規定：「本監官生三年考核一次，術業精通者，保題升用。不及者，停其升轉，再加學習。如能黽勉供職，即予開復。仍不及者，降職一等，再令學習三年，能習熟者，准予開復，仍不能者，黜退。」除定期考核以定其升用降職外，《大清律例》中對陰陽術士不準確的推斷（妄言禍福）是要治罪的。《大清律例・一七八・術七・妄言禍福》：「凡陰陽術士，不許於大小文武官員之家妄言禍福，違者杖一百。其依經推算星命卜課，不在禁限。」大小文武官員延請的陰陽術士，自然是以欽天監漏刻科官員或地方陰陽官員為主。

官方陰陽學制度也影響鄰國如朝鮮、日本、越南等地，一直到了民國時期，鄰國仍然沿用着我國的多種術數。而我國的漢族術數，在古代甚至影響遍及西夏、突厥、吐蕃、阿拉伯、印度、東南亞諸國。

術數研究

術數在我國古代社會雖然影響深遠，「是傳統中國理念中的一門科學，從傳統的陰陽、五行、九宮、八卦、河圖、洛書等觀念作大自然的研究。……傳統中國的天文學、數學、煉丹術等，要到上世紀中葉始受世界學者肯定。可是，術數還未受到應得的注意。術數在傳統中國科技史、思想史，文化史、社會史，甚至軍事史都有一定的影響。……更進一步了解術數，我們將更能了解中國歷史的全貌。」（何丙郁《術數、天文與醫學中國科技史的新視野》，香港城市大學中國文化中心。）

可是術數至今一直不受正統學界所重視，加上術家藏秘自珍，又揚言天機不可洩漏，「（術數）乃吾國科學與哲學融貫而成一種學說，數千年來傳衍嬗變，或隱或現，全賴一二有心人為之繼續維繫，賴以不絕，其中確有學術上研究之價值，非徒癡人說夢，荒誕不經之謂也。其所以至今不能在科學中成立一種地位者，實有數因。蓋古代士大夫階級目醫卜星相為九流之學，多恥道之；而發明諸大師又故為惝恍迷離之辭，以待後人探索；間有一二賢者有所發明，亦秘莫如深，既恐洩天地之秘，復恐譏為旁門左道，始終不肯公開研究，成立一有系統說明之書籍，貽之後世。故居今日而欲研究此種學術，實一極困難之事。」（民國徐樂吾《子平真詮評註》，方重審序）

現存的術數古籍，除極少數是唐、宋、元的版本外，絕大多數是明、清兩代的版本。其內容也主要是明、清兩代流行的術數，唐宋或以前的術數及其書籍，大部分均已失傳，只能從史料記載、出土文獻、敦煌遺書中稍窺一鱗半爪。

術數版本

坊間術數古籍版本，大多是晚清書坊之翻刻本及民國書賈之重排本，其中豕亥魚魯，或任意增刪，往往文意全非，以至不能卒讀。現今不論是術數愛好者，還是民俗、史學、社會、文化、版本等學術研究者，要想得一常見術數書籍的善本、原版，已經非常困難，更遑論如稿本、鈔本、孤本等珍稀版本。在文獻不足及缺乏善本的情況下，要想對術數的源流、理法、及其影響，作全面深入的研究，幾不可能。

有見及此，本叢刊編校小組經多年努力及多方協助，在海內外搜羅了二十世紀六十年代以前漢文為主的術數類善本、珍本、鈔本、孤本、稿本、批校本等數百種，精選出其中最佳版本，分別輯入兩個系列：

一、心一堂術數古籍珍本叢刊

二、心一堂術數古籍整理叢刊

前者以最新數碼（數位）技術清理、修復珍本原本的版面，更正明顯的錯訛，部分善本更以原色彩色精印，務求更勝原本。并以每百多種珍本、一百二十冊為一輯，分輯出版，以饗讀者。

後者延請、稿約有關專家、學者，以善本、珍本等作底本，參以其他版本，古籍進行審定、校勘、注釋，務求打造一最善版本，方便現代人閱讀、理解、研究等之用。

限於編校小組的水平，版本選擇及考證、文字修正、提要內容等方面，恐有疏漏及舛誤之處，懇請方家不吝指正。

心一堂術數古籍珍本/整理叢刊編校小組

二零零九年七月序

二零一四年九月第三次修訂

命相談奇

眞人眞事　不可思議

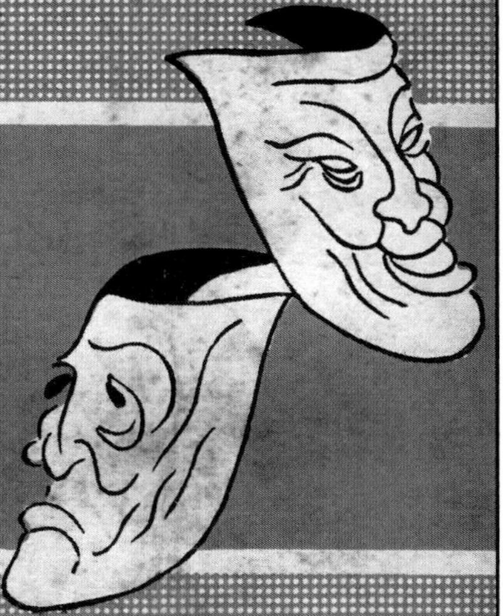

第十集

齊東野著

一九六五年六月初版

命相談奇　第十集

定價：港幣一元六角

著者：齊東野

出版者：宇宙出版社
香港活道十四號六樓

發行者：長興書局
香港皇后大道西三〇五號

吳興記報社
香港利源東街七號三樓

遠東文化有限公司
星架坡廈門街十九號

承印者：誠泰印務公司
香港英皇道六五三號14樓

命相談奇

第十集

齊東野著

香港宇宙出版社印行

第十集目錄

一　奇相怪命・或靈或不靈……一
二　口唇無邊・言語不實・有欠口德……三三
三　命不當死・絕症有醫……四九
四　語中有金聲・斯人死非命……六二
五　博士鬧離婚・命中早註定……四八

一　奇相怪命．或靈或不靈

有一位讀者來信說：「大作既有學術而又生動，殊深欽佩，關於生理上異常之相，記憶中似未見談及。弟天生有四乳，除正常者外，於左乳下偏內約三寸又有一乳頭，但較正常者為小，而右乳下約四寸餘，又有另一，也是較小的。據西醫云，其中皆有乳腺，然於生理無碍，不必去理會云云，但不知此相與命運之休咎亦有關係否？對於這問題，弟希望給我答覆，不勝幸甚！」

現在讓我先答覆關於這位讀者本身異相的問題。說到「四乳」異相，眞是湊巧，我少時曾看見過的，我少時曾讀「幼學故事瓊林」一書，其中關於「身體」的一章，開頭三段有這樣的文字：「百體為血肉之軀，五官有貴賤之別。堯眉分八彩，舜目有重瞳。耳有三漏，大禹之奇形，臂有四肘，成湯之異體，文王龍顏而虎眉；漢高斗胸而龍準。孔子之頂若壚，文王之胸四乳。周公反握，作興周之相，重耳駢脅，為霸晉之君。此皆古聖之英姿，不凡之貴品。」

看了上面這一段文字，明白的是說「異相」就是「貴相」。當我少時讀這一段文字時，心中只是覺着十分奇怪有趣，因爲我們對那些有異相的古人，早有敬拜之心，現在知道他們原來個個都有異相，更見貴中之奇了。但後來年紀大些，又對此說懷疑，認爲這乃一種神話性質，世間不會有此奇怪之事，然而，後來又讀左傳和史記這一類的書，其中也說到此事，又不能不信了。不過，書儘管這樣說，到底是否眞有其事，仍是有疑問，滿心希望自己能親眼看到。

眞是所謂無獨有偶，世上所傳聞，古書中所記載的，都是有其事的，不久我竟然親眼看到古書中所說的異相了。那是在一個夏天裏。我隨着家人到海邊的鄉下去玩。海邊的漁民夏天都是赤着上身做事的。有一天，我碰見一個異相的人，那就是胸前有四乳的人。

「此人胸前四乳，是文王，是文王！」我指着那人對家人說。當然家人也看到了。那個伯父就走過去和那人打一個招呼問他貴姓大名之類。我們幾個小兄弟也跟過去了。那個人的四乳是相當整齊的，就是兩乳一如常人一樣，只是在兩乳之下，約二三寸地方，又生同樣大小的兩乳罷了。

鄉下人不知道文王四乳的故事，自幼就赤膊慣了，見怪不怪，我們以奇怪的樣子去看他的四乳，而他卻挺着胸說：「就是多了兩個乳頭，有甚麽好看呢？」

伯父就問他有甚麽特別的事沒有，他說一點特別都沒有，那人當時大約三十五了，他說，一點特別都沒有，只是孩子多了幾個罷了，問他已有幾個孩子了，他說他二十歲結婚，現在已經有了七個兒子差不多兩年生一個兒子。伯父對他說，將來他會有「百子千孫」的。

「百子千孫？」他笑笑說：「家家都有百子千孫的。」

伯父莫明其意，就問他：「何以說家家都有百子千孫呢？」

他說：「我們這裏鄉下，家家不是都有百子千孫的燈籠嗎？」

原來那海邊漁村裏有一種夜裏出門照路用，同時也是元宵家家上燈用的小燈籠，外面寫的紅字就是百子千孫四字，所以就把此種小燈籠命爲百子千孫了。

於是伯父就對他解釋說，古時有個聖君叫做文王，他是百子千孫的，所以說他也有百子千孫。

他聽了又說：「文王百子千孫於我何干？我又不是文王？而是，我現在只有七子已夠苦了，我是不希望再生的了。

「俗語說，有子有子糧，你不怕沒辦法養，也不怕沒人養。」伯父對他解釋說：「所以說文王，不是因爲他是古聖君，也要你去做皇帝，而是文王有異就是四乳，所以你現在雖然不能做文王，卻很可能和文王一樣會有百子千孫的。」那人聽了也只好自己笑笑而已。

男人四乳之相，似乎不太希奇，後來我在南京也看見過一個四乳的人。當時似乎也聽說那人是多子，所以男人四乳，雖然不一定要像文王的會做皇帝，而多子則是可能的，但不知這位西灣河讀者先生也是否多子呢？

當然，就今日言，有五個以上的兒女，就應當算爲多子的了。實際上，文王百子之事也只是一種民間傳說而已。比較可靠的，就是文王多子屬實。古書中說，文王的元配夫人太姒，一人就生了十個男子。當然還有妃妾所生的。

在上海時，我也曾看見過所謂「目有重瞳」和所謂「斗胸」的人。但這兩人不特不貴，而且是凶俗之相。所以關於這一類的異相，可能是一種生理上的畸形，未必就是貴相。有的相書也把這一類異相一目，爲的是古書有此傳說，作爲奇相看，未必就視爲貴相，也可能是平常之相甚至貧賤之相。不過，我們不是否定古書的記載，而是說古書只能記帝王異人們的異相，而俗人中有異相就不蒙記載了。

以前在上海我看過一個「目有重瞳」的人，是在監獄裏看見的，他是一個二十多歲的年青人，犯的是强盜罪，當時我和幾個朋友進行「社會調查」的研究，得到政府和社團的幫助，有許多的便利，可以到監獄裏，工廠裏，乃至妓院裏去調查犯人們，工人們以及妓女們的身世。

當時我曾讀社會學關於「婦女問題」的研究，英國有些學者從妓女中調查所得的結論，在婦女的墮落淪爲妓女的種種原因中，有兩種由於自身生理和心理的缺陷的，一種是她們的本性淫蕩，樂於此道；另一種則是她們既不淫蕩，也無因經濟壓迫或夫妻不和，只是有了某種的機會使其淪爲娼妓的。屬於這一種的，後來有人研究，乃因腦後骨上有異種異相的關係。

因此，剛好當時我對於命相正在研究，就順便在調查時注意到命相有關的問題。比如說，本來只她的年齡，便順便查到她的出生月日並時辰，我便得到她們的八字了，在登記他們的體型面型時，我就附帶注意他的相貌吉凶夭壽等格局了。由於如此關係，所以那位目有重瞳的犯人便被我所發現了。記得那天發現的情形也很有趣。

那天我們進入監獄裏調查的是盜賊犯和兒童犯。監獄裏對這兩種的犯人有特別的設備，兒童犯是關在「感化院」，那裏比較優待些，每天有一定的教育和習藝，盜賊犯因爲怕他們有越獄或鬭擊的情事，所以也另外關在一所有特別防患的監房裏。我們那天先到過感化院之後才來這盜賊犯的監房的。當然我們先由獄吏帶同參觀了工場和監房，看看他們的獄中生活情形，然後我們也好就獄中生活情形向他們調查關於受刑的感受情形和意願的。

我們似乎都有一種同樣的感覺，就是他們的眼睛都有一種特別的情狀，也就是我們平常所熟聞的所謂「賊眼」。因此我們在調查幾個强盜時，有一個姓梁的朋友就說：「俗語說的眞是一點也不錯，他們的眼睛個個都是『賊眼』。」

「先生，你們是不是說我們賊有賊眼嗎？」一個强盜這樣問我們。梁君就反問他說：「我們只覺得你們的眼睛有特別的地方，而你所說的賊眼，到底是甚麽一回事呢？」

「俗語不是說賊有賊眼嗎？那末你們所覺得有特別的，當然就是所謂賊眼了。」他又解釋說，「不過，我們這裏有一個，據看相先生說他的眼睛是帝王的眼睛，但願他將來會做帝王，可惜他今天也在這裏和我們一起吃强盗的官司，而且是殺人的强盜，恐怕要被判死刑的。」

「帝王的眼睛？」梁君奇怪地問：「誰說？那一個是帝王的眼睛？」因爲梁君對於相術頗有研究，他和我聽了這話都頗感興趣，於是就問他，到底是甚麼一回事。

於是有幾個强盜犯人就熱鬧地聚集起來和我們一起了，他們就先考問我們說：「先生，你們是讀書博古通今的人，當然知道甚麼是帝王的眼睛的，請你們說說看！」

「帝王的眼睛？是不是龍眼？」梁君說了就轉頭去掃看他們的眼睛，希望能發現龍眼。

强盜們卻笑起來了，他們說：「不是龍眼。我們根本就沒有看見過龍，那知甚麼樣叫做龍眼呢？」

另外有一個說：「甚麽叫做大舜帝，你們曉得嗎？」

又有一個說：「是眼睛當中有兩個童子的！」

「噢！」於是我們會意了，他們說的是「重瞳」。

「是的，」我說：「我國古代有個聖人帝王叫做大舜，他的眼睛是重瞳的，你們是說他嗎？」

「對了，」另一强盜犯人說：「還有甚麽人也是重瞳的，你們知道嗎？」

此時，招待我們的獄吏就出來止住他們對我們如此考問，對他們說：「不許你們亂說話，這幾位先生是來調查他們的事的，他們有問時，你們有答，你們只管答，不管問的。」犯人們在獄吏吩咐之下，果然不敢出聲了。

但我們知道他們的心理，若是不給他們自自由由的說得痛痛快快，等下我們要問他的事，他們也不肯老實說的，於是我們就請求獄吏不要阻止他們說話，說是我們今天是交朋友，不分我們是客人，他們是犯人，我們所調查的事需要彼此認眞合作，所以他們要問的事情，我們應當盡情盡意答覆他，等下我們要問的，也希望他們老老實實的告訴我們，於是我們又恢復彼此隨便說說笑笑。

我記起，關於目有重瞳的事，古書上所載的，除大舜之外，還有一個楚霸王項羽，於是我就對他們說：「還有一個目中重瞳的古人，是楚霸王項羽，對嗎？」

「對了，對了，兩個都是帝王，最有名的帝王。」他們之中又有人問：「你們知道他們兩人的重瞳有何不同嗎？」

我笑了，說：「這只是古書記載的，說他們是重瞳，他們兩人都是數千年前的古人，誰也都不曾看見過他，那能知道他倆重瞳有何不同呢？」

他們就解釋說：「我們在地方法院看守所的時候，有一個看相先生也吃官司，和我們關在一起十幾天的工夫，他告訴我們說，舜帝是文的，楚霸王是武的，所以他們兩人的重瞳是不同的。」

此時我被他們這一提，記起此時確然以前的人曾有說過，大舜目中的重瞳是兩瞳並排的，而項羽目中的重瞳則係重疊的，其實這只是好事者的一種隨意說說而已，因爲舜帝和楚霸王剛巧一文一武，一聖一霸，所以便爲許多人所相信，所傳聞了，於是我也只好這樣對他們說：「我知道的，舜帝的重瞳，是兩個童子並肩的，而楚霸王的兩個童子是騎疊的，對嗎？」他們皆大滿意了。

於是接着我們就問他們，剛剛他們所說的目中重瞳的到底是那一個。即刻，他們就指着一個二十多歲的青年人說：「囉，就是這個，他就是將來的楚霸王，但不知楚霸王從前是否也幹過强盜？」

其中有人又說：「據那位看相先生說，楚霸王的打天下，也是一種强盜行為，不過他們是打天下，我們是打荷包，所以他們是帝王，我們是强盜，其實，古語說得好『與為王，敗為寇』，我們今天就是敗為寇了！」

我們聽見果然他們之間有人是重瞳的，自然覺得新奇，就走向那人面前去看看他的眼睛，眞的不錯他是重瞳的，這重瞳不是並肩的，而是重疊的，也就是他們所說是和楚霸王項羽的相一樣，和大舜的相不同樣的。

「請問你貴姓大名？貴處那裏？今年幾多歲？犯的是甚麼案？」我們開始調查工作了。

那青年人答說：「我名陸成海，浙江樑縣人，今年廿三歲，犯的是强盜殺人罪。」

我們接着問：「你幾時知道你的眼睛是重瞳的？你的名字好大氣派，是誰給你取號的？現在的家裏有甚麼人？你結婚了沒有？學過甚麼工藝沒有？」

那青年答道：「自幼我父母就發現我的眼睛是重瞳的。後來有一個相士，說我這眼睛是霸王之相，將來長大了要打天下，佔江山的。我的父親本來是一個傭工，聽見相士先生這一說，自幼就叫我去學武藝，我跟一個拳師學了少林寺的拳術的，我的名字本來不叫陸成海，叫做陸木火，因爲算命先生說我命中五行缺火，所以取名「木火」。後來那個拳師說，我將來要打江山做霸王，木火的名字太不好聽，所以他把我的名字改爲陸成海了。」

他接着說，他現在家中父母都在。也還沒有結婚。十五歲時曾學過兩年的木匠，因爲和師兄弟打架，被師傅辭退，沒有學到出師。十七歲那年被木匠師傅辭退之後，迫不得已曾去當小工過着苦日子。那年冬天，他的父親得了一場大病，不特家裏沒有隔宿之糧，連病人的米湯都沒有飲。有一天，他走過樑縣縣政的大門，看見有許多人在那裏看告示，還有一個大兵，站在一張木櫈上面，向大家手舞足蹈地在演說。

陸成海不知到底是甚麽事，也就隨着路人走過去看熱鬧。他剛剛走近縣政府門口，聽見那位大兵在上面大喊大叫道：「弟兄們，知道嗎？這是我們打天下的機會到了，自古草莽出英雄，漢高祖劉邦，楚霸王項羽，都是不讀書的，不識字的，他們也只是由當兵起家的，你們不要看當大兵不起，千古多少英雄，帝王，都是由當兵起家的。」

「楚霸王……項羽……當兵起家，」這聲音對於陸成海特別響亮，原來他們是省防軍派來招兵的。於是他記起少時曾聽父母說過，看相先生曾說他的眼睛重瞳是霸王項羽的貴相，楚霸王原來是從當兵開始的，那末現在當兵的機會到了，做楚霸王就要從此開始了。

於是他就向那位大兵問明當兵的辦法，那大兵就帶他去看縣政府揭示牌上的告示一項一項解釋給他聽，現在他別的都忘記了，只是一事還沒有忘記，就是報名當兵之後，立卽可以領到安家費大龍洋十元。

只要這個條件，就使陸成海滿意了，父親現在病得連醫藥和米湯都沒得飲了，這十塊大洋銀爲甚麼不領取呢？於是陸成海連回去告訴父母都不用了，他立卽報名。那位大兵，立卽另派一個大兵，隨着陸成海到家，問明他的父親名字之後，把一紙志願書要陸成海父親和他本人在上面畫了號之後，就發給他十元大洋的安家費，陸成海也隨着那位大兵入營去了。

他說，他在當兵的三年中，學會了很好的槍法，尤其是卜克槍的射擊，所以後來就去當卜克槍連的副排長了，去年他因爲和排長打架，把排長打得皮破血流之後，他畏罪逃走，就當日開小差，逃離軍隊到了上海來，因爲上海的强盜多是浙江棵縣人，他原不知道的，只是有一天在馬路上碰到兩個同鄉，他們和陸成海談同鄉的事，也知道他的槍法高明，就被他們請去做生意的事。

起先以爲眞的是做甚麽生意。後來才知道所謂生意，就是做强盜的生意，雖然他知道强盜是不好的事，但他們都勸他，說是做了一兩宗大家有了錢，就可以改做別的生意的，同時，因爲他們知道他原是一個逃兵，便威脅他，說是他若不肯幹，他們就去報官的。因爲這樣，他就入伙去當强盜了。

這是關於陸成海當强盜的經過。說也奇怪，當時陸成海因爲犯的是「强盜殺人」罪，被判死刑，而且上訴駁回，不久就要執行槍決的，所以那天他的脚下還帶着脚鐐，防他越獄的。

那時，和我同行的梁君，他對於相術比我高明，他聽見陸成海被判死刑，上訴又已被駁回，覺得奇怪。他輕聲對我說：「此人命不當死。」

我說：「是不是目有重瞳？」

他回答說：「不是，他將來雖然也和楚項羽一樣，但此時卻命不當死。」

「是的嗎？」我說：「那末，你可以安慰他。」

我們兩人說話的聲音雖然很輕，而陸成海卻聽到了，他對梁君說：「先生，你還說我將來和項羽一樣？我的上訴已經駁回了，我是一個已經知道沒有將來的人了。」

他誤解了梁君的話，以爲說他將來和項羽一樣做霸王，其實，梁君說的是他將來和項羽一樣死於非命的。

「你知道項羽後來是怎樣嗎？」梁君問：「從前看相先生曾說過沒有？」

陸成海搖搖頭說：「我父親說，看相先生說我眼睛旣和楚霸王一樣，那末將來就也要和項羽一樣的，我只知道他是當過霸王。」

「你知道項羽當了霸王之後怎樣嗎？」梁君問。

「不知道。」陸成海答。

於是梁君就對他解釋說：「我說的是，你將來雖然和項羽一樣也難免一死，但你現在卻不至於死在這監獄裏。」

陸成海聽了卻假笑地說：「我知道你這話是安慰我的。我是死定了的。我謝謝你的好心！」

離開監獄時，在路上我問梁君：「你從那裏看出陸成海此次不至於死？我從氣色上是看不出的，你實在比我高明得多了。」我想從梁君那裏學一點秘訣。

「我不是從氣色看的，氣色工夫很難，我也還摸不淸楚。今天我所看出的是瞳子。前兩星期，我的看相老師才指點我，死亡的氣色比較難看，非有經驗不可亂加斷語。他告訴我一個秘訣，說是如果從瞳子上去看，卻也有七分的可靠，就是，凡是死亡之相，瞳子必定糢糊，而今陸成海的瞳子，依然重瞳，一點也不糢糊，所以我說他此次不至於死；因爲，如果要死，死期已近，瞳子就混濁了的。」

事實雖然很奇怪，梁君的話果然應驗了。陸成海雖然被判死刑而且等待執行，而不到一個月，竟然因政府頒佈大赦令而蒙雙重減免爲十五年有期徒刑了。因爲這一件非常奇妙的事實，所以我們當時曾在社會調查的表格上，特在備考欄記載了這事情。

又因爲我們對這位青年强盜的重瞳有興趣，所以後來我們也常常到監獄裏去看他，主要的事情是要與他聯絡，希望今後能得知他的將來情形如何。當時上海有個慈善團體，特別看顧犯人中的無告者，隨時給他們幫助，出獄後也替他們介紹職業的。於是我們就向這個慈善機構替陸成海登記也代向監獄當局請求把陸成海派到印刷監裏去學印刷，因爲那慈善機關說是將來陸成海出獄可以替他介紹進入某印刷公司去當工人的。

陸成海改爲十五年有期徒刑之後，又坐了幾年監牢，學會了印刷技藝，不久，他依法律的假釋放的條例，一面由獄中管理員，證明他在獄品行良好，一面由社會慈善團體替他證明出獄有正當職業，並替他找到舖保，他就以假釋出獄了。一出獄，就被介紹到上海法租界一家印刷廠去當印刷工人去了。

奇怪的有一事，有一天，我們在報紙上看到一條社會新聞，標題是這樣：「法租界大發印刷廠發生命案，工人陸成海被同夥亂刀刺死。」這標題實使我們看得太刺目了。那天剛好我和老梁在一起，我一看見這標題，就對老梁叫了一聲：「老梁，你想得到陸成海會發生甚麽事情嗎？」

他說：「你問的是甚麽意思？」

我說：「今天報上記載關於他的事，你猜猜看是甚麽事？」

「是不是他和人家打架，又打傷了別人？」老梁說，「此人總是改不成好癖性的，若是再打傷了人，只要報紙一登，他的假釋就要撤銷，又要進監牢去了。」

「請你再一猜，他不是打傷人，」我說：「你從前說他將來和項羽一樣，是否會做霸王？他今天在印刷廠裏眞的做起楚霸王了。」

「是的嗎？」老梁覺得我的話有些奇怪，就起來走到我身邊要取報紙一看。

我就把報紙遞給老梁，我說：「你看相準了！」

「哎呀！陸成海眞的死了嗎？」老梁對着報紙的標題呆了。接着我們就從這報紙上的記載的情形，知道陸成海昨天夜裏，因爲不聽工頭的指揮，旣把工頭打傷，又不聽工友們的勸阻，無理又打傷兩個工友，於是動起公憤，被七八個工友用亂刀立地刺死的。

報上又據記者向工友探訪的消息說，前兩星期陸成海就不聽工頭的指揮，自己揚言說，他將來是霸王的命，他的眼睛是重瞳，凡是眼睛沒有重瞳的都要做他的部下。工友中有好奇的，就去看看他的瞳子，果然是重瞳。工友中有兩個相信命相的，希望跟他將來一道去打天下，就帶他去上海老西門城隍廟去看相。看相先生怎說呢？

「目有重瞳，古書中確然說過是貴爲帝王之相，」看相先生說：「但是，你的重瞳，模糊不清，而且中堂發現怪紋，鼻上又有異色，這貴相就會打了很大的折扣的。」

陸成海聽了很不高興，就說：「我的重瞳一向是很消楚的，你爲甚麽說我這許多不好的話呢？是不是看見我們是工人，所以看我不起呢？」說罷，一個人就先走了。

兩位陪他去的工友看見他走了，就向看相先生問個究竟。看相先生告訴他們說：「這位朋友雖然有重瞳的異相，但抵不過他滿臉的兇相，所以有此異相的，是先貴後兇，而他恐怕還沒有見貴而遭兇的。」

「別人先貴後兇是何情形？而他的遭兇又是何情形呢？」兩個工人又問：「依相看，甚麽時候他才會遭兇呢？」看相先生向兩人問明了他們之間只是工友關係，便對他們解釋說：「就過去古書上所記載的兩個重瞳人來說，舜帝雖然做了帝王，但後來死於蒼梧之野，而另一個項羽，雖然也做了楚霸王，不久卻又戰敗最後自殺於烏江之濱。」

看相先生又說，「依我就他的氣色和瞳子的糊塗的情形看來，在三十天之內，他就有性命之虞的。」

因爲看相先生曾在兩星期前對這兩個工友說過這話，所以昨天陸成海和工頭打架的時候，這兩個工人就不敢上前勸阻，兩人跑離工廠去報警察；但當警察局派了警察隨同他倆趕到大發印刷廠的時候，而陸成海已經被刺死了。

這樣看來，像陸成海的奇相，靈的只有一半，就是他這奇相重瞳本當像大舜和項羽一樣的尊貴，而今尊貴的一半卻不靈，而慘死的一半卻完全像項羽了。事實上，奇相仍以大局爲主，不是單靠那部分的奇怪就可以作爲定斷的，陸成海就因爲他的整個格局不好，所以就是重瞳也無濟於事。

有一次我們到上海會樂里妓院裏去調查，那是我們大學裏的社會學教授帶我們進行關於妓女情形的社會調查統計工作的。當然老梁和我也想利用這機會看看妓女們到底的命運與相局是否有一定的關係。

上海會樂里是上等妓院所聚的地方，當然就儀態的美艷上說，這裏的妓女都是標準以上的。既然她們都是美人，爲甚麽她們又都是淪爲妓女的賤格呢？難道美艷就是賤根嗎？這當然說不通，因爲一向的貴妃們也大都是美艷的。因此對於此類相局的看法，就有三種看法：第一種是依普通相法，有的就是看去很美艷，若是眉目濁氣，頭鬆粗糙，聲音陰沉，姿態淫蕩之類，那就是賤格的明相了。

此外還有兩種：一種是暗相，包括暗中的明相，如身體上看不見地方的黑痣，以及暗中的暗相，如陰臭陰香之類。另一種則是破相或奇相了，破相則係明暗相中一部分，把她面上的貴相美相破壞了的。奇相就和男人一樣，面上或身體上有一種出奇的地方，不是女人所常有的，如古名將李光弼之母有鬚，武則天的陰毛長盈尺之類。

有一天，我們看見一個名妓，花名「萬里紅」的，當然是當時艷壓羣芳的人物，可以說是標準以上的美人，當時上海時行「花國總統」的選舉，雖然不像今天選美的辦法，卻也是有相當選美的標準的，她曾經當選兩任的花國總統，而其儀態的美麗，以及交際的手腕可知。

這位萬里紅，還有一種非常特別的，就是她讀過詩書，也進過大學，能寫一手的好字，也能畫梅蘭菊竹四君子的。因此我們特別要調查她的家世。我們教授，也就是主持這社會調查工作的人，他依英法各國的調查經驗為根據，把妓女分為三類：第一類是因貧困被迫的；第二類是因美麗被誘的；第三類是因劣性自願的。最初，我的預批，是把這位花國總統萬里紅放在第二類的。

這種分類，原是根據歐洲如英法各國當時調查統計所得，據教授說，妓女中有許多面貌並不美麗甚至也有醜陋的，這大都是屬於第一類的原因，乃被貧窮所逼迫的，其面貌美麗的，則大部屬於第二類的理由，卽自幼被引誘的，至於出於第三類原因卽由於自願的，那就佔約百分之三十，其中有的是美麗的，有的是醜陋的。

既然有這樣的情形，那末對花國總統萬里紅的所以淪落為娼的理由，我們在調查之先，曾作過一次這樣的預測：第一、因為她是美麗的女子，所以她屬於被引誘的原因應佔百分之六十。第二、從她的樣子看，不像家道窮困到必需出來賣身的，所以她的為妓理由，出於自願應佔百分的二十五。那末，出於窮困所迫，僅佔百分之十，因爲尙有其他原因也佔百分之五。

除關於這些社會問題和心理因素的推定外，我和老梁兩人就命相上也加以判斷，我們也自知對於相命的工夫還不够，就由老梁去請他的看相老師衛先生來幫忙，找了機會使衛先生和萬里紅在會樂里門口見過一次面，也略談了幾句話，因爲聲音和走路也都是相當的主要部分。

衛先生看了之後也覺得奇怪，他說萬里紅不只是名門閨秀，而且祖上必係顯宦達官。至於她之今日淪爲妓女，在相局上看不出甚麼理由。於是我們就想除相理之外再看看萬里紅的命理。因爲命理和相理有時並不一致；一不一致，便有特別的情形發生的，有時可以看準一部分，有時完全看不準的，所以要命相合參看是有必要的。

不過，要想取得妓女們可靠的八字實在不容易。第一、她們大都是鴇母自幼買來的，根本就只有賣身契而沒有定時紙。第二、她們大都是假年歲，一般都是報小的，第三、她們有時爲着便於從良，托算命先生替她們僞造一張所謂「相夫益子」的命紙；用以取信於人，有時也把她的一時淪爲娼妓之事也寫在命紙上面，其實這命紙原是假的。

因此我們對於萬里紅的八字也是如此看法，若是問她，她當然有命紙，因爲她既被選爲花國總統，必定早有準備從良的東西，命紙是一般人認爲重要的證件。那末，既然想取得她的八字，就不能不向她先問再說了。

想不到這名妓花國總統萬里紅確有與衆不同之處，當我們向她要八字時她竟然對我們說：「別人要我八字我是不肯給的，但你們要我八字我倒願意的，因爲我知道你們要研究我的命相，不是有人要聚我，對嗎？」

「姑娘，你未免太聰明了，你怎麽知道我們中間沒有人想娶你呢？是不是我們文化界中人，就不配娶你嗎？」老梁說，「你又怎樣可以這樣確定地說我們是要研究你的命相呢？難道你自己就是一個女相士，能未卜先知？」

萬里紅聽見老梁這樣說，就好笑起來，她解釋理由說：「你們記得嗎，有一天，你們無緣無故在會樂里門口爲我介紹一個衞先生和我談話，我看出那情形，他是你們特意請來看我的相貌的。前幾天，你們又在談話中有意地打聽我的家世，我的生日，都是爲了這事來的，不然的話，你們第一天來我們這裏調查時，我都把這些事告訴你們了，你們發甚麽又要重查重問呢？」

我們被她這一說，倒也無言可說，此時我勉强分解說：「我們這幾個你見面過的人，當然不配和你談甚麽親事，不過，我們從你的相貌上看出，你倒和一般姊妹們不同，我們的朋友中，也許有人配得上做賣油郎的，你難道眞看賣油郎不起嗎？你不是說過，你也曾讀過大學嗎？」

「是的，我絕對看得起文人，」萬里紅裝起笑容說：「眞的你們之中有賣油郎嗎？那我也一定使他做成一個獨占花魁的公子，你快些把他帶來和我見見面好不好？」

萬里紅說話倒是出於誠意，我們也聽過她們的姊妹說過，她是不願意嫁給官老爺和大商家做姨太太的，於是老梁說：「如果你說的話是眞的，那末我的話也是眞的，我總有一天會帶賣油郎來的。」

那時候上海戲院裏正在排演「賣油郎獨占花魁」的戲劇，因此大家對這話題都大有興趣。萬里紅就請老梁快點給她介紹賣油郎。當然這只是一時說說笑話而已，我們的朋友也不敢對萬里紅有野心。

「我們要查你的眞實家世是有原因的，」我解釋說：「因爲我們聽見你的姊妹說，你第一天向我們所說的家世不是眞確的，你的本姓也不是萬，所以我們希望能查明你眞實家世，也許我們會替你寫一篇文章的。」

「是的，我們會樂里的姊妹們，對於政府和社會團體的任何調查，都不會把眞的事實塡報的，我們幹的旣不是體面的事實，誰肯把家裏的情形塡在白紙上呢？萬里紅接着說：「不過，我倒有一些特別的情形，我的父親雖然不是姓萬，而我的母親卻是姓萬，所以我還不能算改姓。我原是一個坐不改名行不改姓的人，但因我的父親還在世，雖然他已不承認我了，而我來當妓女，無論如何總不要傷害他的名譽爲是的，所以我一到這裏來，就改名萬里紅了。」

她是一個極聰明的女子，她說到這裏，似乎知道我們心中不肯相信她的話，所以又以痛快的態度說：「暫請你們不要問我父親是誰，我現在可以拿出一件最有價值的文件來，證明我是姓黃，母親是姓萬，因爲萬字和黃字上海音原是同音的，所以我才改名萬里紅的。接着她就走入房中，取出了兩張所謂最有價值的文件。到底是甚麽文件呢？原來是她中學畢業和大學註冊時的畢業紀念册和註册證，在中學畢業紀念册中，有她父母的名字，也有她的名字和照片，大學註冊證上也有她名字。

於是我們知道她的父親名字了，原來是江蘇的一個有地位的人物，滿淸時曾做過大官，而她的祖父官階更是顯赫的。這一說，卻使我和老梁兩人記起衛先生那天看了萬里紅之後所下的斷語，說她「不特是名門閨秀，而且她的祖上必係顯宦達官。」

此時老梁對萬里紅說：「姑娘，對了，那位衛先生那天看你的相之後，也說你是名門閨秀，而且祖上必係顯宦達官的。」

「是的嗎？」萬里紅歡喜了，她說：「衛先生還說我以後情形怎樣沒有？你們沒有騙我嗎？眞的他會看出我的情形嗎？可以不可以讓我當面問他一下呢？」

我們也看出萬里紅心中或許在懷疑我們騙她，於是我們就在她那裏打電話給衛先生，電話是由老梁掛的，老梁這樣說：「衛老師，你那天所說萬里紅的相格，已經證實說對了，現在我們是在會樂里打電話，萬里紅姑娘不大相信我的話，想要在電話裏和你談一談，她就在這裏，現在就和你說話。」接着，萬里紅和衛先生說話。

最後一句萬里紅說：「謝謝你說對了我的事，過幾日我請你吃飯。」

萬里紅放了電話對我們說：「衛先生眞是高明，他看準了我的前運，但他說看不出我的現在情形，就是說，他看不出我何以會落到會樂里來當妓女。」

「是的，我們自有一次看見你直到如今，對這件事都在莫名其妙，」老梁說：「你可平否把實在的情形告訴我們，讓我們對人情世事多瞭解一些呢？」

於是萬里紅就向我們提出一個交換條件，就是她願意把過去的實情告訴我們，要我們負責過兩天請衞先生來吃飯，要衞先生詳細替她看看相。當然我們是滿口答應下來。接着萬里紅就將自己讀中學時代起的事情告訴了我們。

她說，她的母親原係揚州一個名妓，是她父親的第四妾，她自己是在蘇州出生的，後來又搬到上海租界裏來住。十八歲那年她畢業於女子中學，當時她已是那個女子中學的校花了。考入聖約翰大學後，不特一進校門就登上校花的寶座，不久也哄動了各大學，成爲大學生的皇后了。

在大學裏讀了第一學年，平安無事，成績也不錯，那時雖然不特本校男同學，各大學的學生，乃至社會上知名之士，政府要員，紛紛向她求愛或求婚的不知凡幾，而她卻無動於衷，人們都莫名其妙，其實她內中有秘密，第一，當時她早已愛上了一個男子，那人是女子中學一個同學周惠玉的哥哥，他是在北京清華大學讀書的。想不到有天周惠玉偸偸告訴她，說她哥哥似又愛上一個清華的女同學，勸萬里紅到北京去。她和周惠玉都相信，如果她能轉學到北京去，不一定要進清華，只要能在北京，她就可以和周君繼約戀愛的。

但是，要想轉學到北京去，不是容易的事。以她在聖約翰大學的學分成績以及聖約翰的校譽，轉學是不會有十分困難，而最大困難的則是她的父親不會答應的。萬里紅父親之所以不會答應她轉學北京，其中又有一個難題。原來萬里紅父親有個世交的兒子姓何的，也曾拜她父親爲業師，父親喜歡他，曾在萬里紅讀女子中學時，對她母親說過，將來要把萬里紅嫁給何君，當時萬里紅也知道此事，心中十分不願意，但因當時年少，自己不敢表示意見。

一個生在蘇州長於上海的女子，當然明白自由戀愛是婚姻的主題，萬里紅雖然年少，也知道這關係終身幸福之事不能由她父親完全做主的，於是她的第一步對付辦法，就是讀好中學畢業的好成績，使她父親能准她再讀大學。她心裏想，只要能夠讀大學，這問題就可以解決過半；因爲一讀大學，就不能中途結婚，那末，等到大學畢業，自己年歲也大了，學業也完成了，就不難反抗父命，自己做主了，萬里紅這打算是不錯的。

果然，中學畢業那年何君本想舉行訂婚，第二年結婚，而萬里紅請求母親向父親說項，說是女孩子也應當和男孩子一樣看待，我們官家後裔，只要資質能夠讀書，不能留學也要讀到大學畢業才是，而且女兒中學成績已經讀得優等，年紀也還小，等到二十二歲大學畢業再議婚也不遲。

這理由卻把她的父親說服了，果然准她去讀聖約翰大學，但她父親仍然是一個舊腦筋的人物，他不特不許萬里紅在學時有甚麽男朋友，他也不准何君和她有來往，因爲他倆還沒有訂婚。因此，萬里紅和女同學哥哥周君說戀愛，雖然母親知道，卻瞞着父親的。

現在呢，她在聖約翰大學讀得好好的，無緣無故想轉學到北京去，斷不能得她父親的答應的，但是，爲了戀愛問題，尤其是情敵當前，萬里紅是一個很有個性的女孩子，她不肯以一個上海大學生皇后的榮銜，竟然成爲一個戀愛的失敗者，所以她決定任何犧牲在所不惜非轉學北京去不可，這決心，當然得到她母親的贊同。

於是她就自己進行轉學手續，不久，轉學的手續準備好了，聖約翰大學發給她轉學證明書，北京方面也已承認了她的學分，行期近了。

她和母親商定了辦法，在動身的前夕，她自己到父親的家中（父親原不常住母親家裏的，常住第二妾家裏的），去把轉學的事向父親報告。

事到如今，不能不據實說了，因爲沒有其他的理由可以騙過她父親的，於是萬里紅就把在中學時代就認識了周君的情形報告了，再把最近周惠玉的消息說明了。再把她所進行的轉學手續已經辦妥的經過也說過了，她以萬分驚懼的心情等待父親的說話，她不知道父親將會如何。

「你爲甚麼對何某不滿意？又爲甚麼不早告訴我？」父親面無表情地注視。

「他不漂亮，我怕爸不許我。」萬里紅下淚了。

父親又問：「爲甚麼不把和周某戀愛之事告訴我？」

她答：「怕爸不許我。」父親再問：「爲甚麼不把轉學之事告訴我？」她再答：

「怕爸不許我！」

父親的臉孔還是沒有甚麼表情。再問：「你打算幾時走？」她答：「明天。」

再問：「今天何必來見我。」萬里紅不敢說話。

再問：「明天你娘會送你到火車站嗎？」

「會送的。」她拿出手帕拭眼淚。

此時父親起來，走出客廳，對她說：「隨我來。」

萬里紅怕了，不知父親叫她去那裏，做甚麽。父親步出客廳，走近大門時，看門的老僕人走去開門。父親站在門內，手揮她走出門外。她知道事情壞了，但她只好步出門外。

父親依然面無表情地對她說：「你把你娘帶走，從此不再來見我了。」說罷，砰的一聲，大門關上了。

萬里紅一路哭着囘到母親身邊，一五一十地把父親的情形告訴了母親。母親雖然也難免抱頭痛哭，但她說，這情形是在她意料中的，依舊安慰女兒，叫她明天照樣動身。第二天萬里紅的母親送女兒火車囘來，有人打電話給她，叫她看看報紙上的啓事欄，她打開報紙一看，那是萬里紅父親的啓事，是聲明：「自本日起，與第四妾萬氏及其所生的女兒，脫離夫妾與父女關係。」

過了一個星期，萬里紅突從北京囘到上海。她到了北京到底是何情形呢？周某對她說不能和她結婚的唯一理由乃因她的母親是妾侍又係妓女出身，當時北京報紙正登載一個新聞，是一個部長娶北京一個花國總統紫玉蘭爲塡房的消息，萬里紅就把這事質問周某。周某竟然說：「那是花國總統，又當別論。」萬里紅這一氣，就立卽囘到上海了。

回到上海知道父親對她母女如此無情，使她連再回聖約翰大學都不得了，爲了母女的生活，爲着對父親出報復的氣，她搖身一變，變爲紅極一時的名舞女，再搖身一變，變爲上海的花國總統了。萬里紅是這樣一個大學生變爲花國總統。她的怪相奇命，也是某些靈了，某些不靈。

二 口唇無邊・言語不實・有欠口德

少的時候，曾有一次隨家母舅到北京前門去玩雜耍。回頭順路又跟舅父去看一個名叫「張鐵嘴」的看相先生。這看相先生是舅父的朋友，也是北京有名的相士。

那時候張鐵嘴店中已有三個客人在看相，我們只好和他打個招呼就坐在一旁聽聽他的論相。

三個客人中，首先談相的是一個中等身材，大約四十歲不到的南方人。他說他剛從上海來，要在這裏機關中謀事，問問張鐵嘴，這事謀得來與否。

張鐵嘴就對他的相貌略略看了一下，轉過頭來對家母舅說：「鄭先生，你有何貴幹？」

那時我因以前曾多次隨舅父來看張先生的，所以知道張鐵嘴所謂「貴幹」，就是「高見」的暗語，因爲舅父也是一個精於相術的人，他們老友相見，若是碰到有生意時，又碰到有疑難問題時，常常向舅父叨教，問一聲「有何貴幹」，就是說「有何高見」，要舅父指點一二的。

舅父聽見張先生問「有何貴幹」，順口就答道：「沒有事，無邊！」這話在那三個客人聽來是不會在意的，因爲張先生是問「有何貴幹」，而舅父是答說「沒有事，無邊」，與看相顯然無關。

但我知道這「無邊」二字是看相上的暗語，不過我是小孩子，外行，不曉得「無邊」到底是甚麽意思罷了。

於是，張鐵嘴先生就對那人說：「畢先生，你所問的事，不能用三言兩語可說的清楚的，請你暫等一下，我們再來細談，現在先讓你們當中兩位先看何如？」

張先生接着解釋說：「好在你們三位是朋友，一道來的，等下也還一道囘去，誰先看誰後看無所謂的。」

這位畢先生聞言就讓起位，坐在一邊，由一個約三十歲姓歐陽的坐下來，張鐵嘴先生對歐陽先生說：「你是問事還是論格？」

歐陽先生答說：「問事。」

「問何事？」

又答：「問婚姻之事。」張先生照例看看他的氣色之後，：「歐陽先生，對不起，你所要問的事，是否可以由我隨便在這裏說呢，還是需要我和你兩人進到屋裏去談？」

「可以就在這裏說的，我是不怕你說準了的，越準越有價值，準了我才能決定我的事，請你依你所看到的隨便說，好的也說，壞也照樣說，沒有問題。」

於是張鐵嘴睇相先生就對歐陽先生說：「不錯，你這婚事已經公開了的，當然不怕在座諸君知道，想各位也和我一樣都知道了的。」

正說到這裏，坐在一旁的那位畢先生就插嘴說：「那我們恐怕比你知道得更清楚，我們是老朋友，朝夕在一起的。」

「那是當然的，你們是老朋友，甚麼事彼此都知道的，」張鐵嘴說：「但是，你們所能知道的只是過去的事，至於未來之事，你們就無法知道了，否則，各位今天就不必來敝舘花錢來看相了，對嗎？」

「張先生，請你不要聽他的話，」三人中另有一人說：「你還是看你的，我們雖是老朋友，有的事也還知道不清楚，畢先生只是說說笑罷了，請你不要當他做話。」

張鐵嘴裝笑地說：「那也不是完全笑話，畢先生說的話總是有根據的，也都是有用的。」接着他就替歐陽先生談相了。當然，張先生爲要斷得正確，不能不再細看一下。

「歐陽先生，對不起，讓我直說了，」張先生說：「你的婚姻問題很奇怪，既不是『求婚』，也不是『離婚』，而是『爭婚』，但你已經爭不過人家了。」

這一說，卻把這位歐陽先生說得滿面通紅了。他眞的旣不是求婚又不是離婚，而是與人爭婚，而且事勢上也好像爭不過人家的。今天他和朋友來請張鐵嘴看相，就是來問到底爭得來還是爭不得，爭不得又怎麽辦等等問題。

「爭不過人家？」那位畢先生又插嘴說：「甚麽理由爭不過人家？你看他的妻宮和子息該是怎樣的？今年可以結婚嗎？明年可以得子嗎？我們今天所要問的就是這些。」

此時張鐵嘴再細看了歐陽先生的氣色，接着微笑地說：「這是命相上註定了的事，歐陽先生你不必因此事生甚麽氣，你們兩位好朋友也用不着太抱不平，就打不平也是沒有甚麽結果的，歐陽先生今年命運註定的要與妻離別，依氣色上看，雖然離婚的手續還沒有辦，雖然也還在打算夫妻對簿公庭，但是，原諒我張鐵嘴說硬話，你的太太已經離開了你，跟別人去了。」

張鐵嘴此時又皺一下眉頭，猶預的說：「不過有一件使我可疑的事，你今年下半年又有得子的現象，這到底是何道理呢？」

張對此事起初自己似乎也捫不定，因爲他從歐陽先生的眼前氣色上只看出「有妻被佔」的事實，又看出他六個月後得子的現象，但卻不曾發現他另有所歡的氣色；所以這得子將從何來呢？因此，他就向歐陽先生查問道：「你是否在三個月前另有所歡？那女人是否有了身喜？」他說到這裏，突然舉手拍了一下案頭，「噢，我想着了，原來如此。」

這時候，歐陽先生不待張鐵嘴再說下去，便截着說：「張先生，我並無此事。」「是的，你並無此事，我已經知道了。」張鐵嘴接着微笑地說：「現在先讓我先說一些閒話，曾先生畢先生曾說過，你們是好朋友，關於歐陽先生的事，你們知道得很清楚，現在我要請教兩位，歐陽先生六個月之後要得子，而且是男孩子，你們知道現在這孩子在那裏？」

歐陽先生聽了這話，詫異地看看畢先生和曾先生，而他們兩位也彼此相覷，覺得奇怪，於是曾先生也就微笑地說：「張先生我們今天陪歐陽先生來問的，一半爲着爭妻問題，一半也爲着這個孩子問題，現在這事情已被你的高明相術看出了，就請你爲我們論斷，讓歐陽心中有個定意，以便向對方作個表示。」

接着張鐵嘴說：「依歐陽先生的妻宮氣色看，早在六個月之前，歐陽太太已經有了外遇，不過直到最近才爆發了這桃色的事件，致有爭婚之事。現在依我斷定，歐陽太太身中已有孕三月，此胎是歐陽先生的，不是那男人的。」

「得了，張先生，只要你能斷定這孩子是歐陽的，他就決定向對方交涉，否則，是別人的血統，要他幹麽？」曾先生就是爲這個問題要來請教你，因爲他不知道這個孩子是自己的血肉，還是別人的孽種，如果是自己的血肉，當然要回來，那女人隨她去也算了。如果是那男人的孽種，就也隨他去了。」

「此事關係血統問題，請張先生特別爲我細看論斷，只要我要，他們想不至不肯給我的，但若我不要，他們也不會要還我的；現在就是我自己沒有把握，是要是不要。」

「要，毫無問題。」張鐵嘴說：「這孩子一定是你自己的血肉，你今年失妻得子，毫無疑問。」

此時曾先生坐在旁邊，似乎有所思慮地說：「這些依我旁觀者明的眼光看，也未必就像歐陽兄這麽簡單的想法，因爲現在歐陽太太已經離開了家，而且已和對方實行半公開的同居了，只等待離婚手續辦妥，就要舉行婚禮的；同時，事實上他們確然在六個月前已經發生了關係，對方要不要這個孩子，也還是個疑問，如果對方也要的話，又當怎辦呢？看相又不能作爲法律的根據？」

「是的，張先生，」畢先生又插嘴說：「你要想法把你的話能在法律上成爲鐵嘴才好！」

「如果我的話能在法庭上成爲錢嘴，那末我的潤例就要加上一百倍了。」張鐵嘴又笑說，「不過如果法官能相信我，肯傳我去作證的話，我也必能使我的論相成爲法律的根據，因爲我可以叫對方向我的論斷低頭。」

「你怎樣叫人家對你低頭？」畢先生說：「法庭上法官所靠的是法律的條文，這不是叫人家心甘意願的低頭，而是無可奈何的屈服，他要使犯人低頭認罪，所必需的條件有二：一個是人證，一個是物證，我們看相算命，既沒有像法律那樣可使人屈服的條文，又沒有人證和物證，怎樣可以叫人向你的話低頭呢？就依現在你所說的情形論，你雖然說歐陽兄今年有得子的命，你那知那個男人沒有得子的命呢？如果他也有得子的命的話，你就沒有辦法叫我們低頭了，到底這孩子是誰的呢？」

張鐵嘴先生看見畢先生這樣辯論，似乎也覺得不無道理，他就低着頭自己在那裏想了一想，之後，他就笑對畢先生說：「畢先生，你說的確然很有道理，我們看相的是無法找到人證和物證可在法庭上叫人屈服的，但我們卻可以根據相書上所指明的事實作爲根據，然後依此理由，舉出事實，作成論斷，也可使人們心服的。」

「張先生，」畢先生說：「你可否舉一個例說說呢？」

此時張鐵嘴先生又想了一下，就似乎有所得意地笑對大家說：「現在讓我舉一實例和大家說一說我們看相的法律根據吧，我先問各位，我們彼此說話的聲音不同，如音色的明暗不同，聲調的高低不同等等，此中也有相的吉凶乃至壽命的長短，福祿的厚薄，你們知道嗎？」

曾先生就接嘴答道：「此事我們聽是聽過的，說是聲音亮的人有福祿，做事有魄力，說話太急的人，話尾無音的人，大都性急，而且短命等等，但我們是外行，只知有這說法，卻不知道其中的道理。」

「就表面上說，聲音是發於口腔，主要的是音帶，但與喉、舌、齒、唇也不能沒有關係，比如說，如果舌頭生了小瘡子，門牙脫落一二隻，或是嘴唇缺了一些，顯然任何好音帶都沒有用了。」張鐵嘴進而解釋相理說：「這樣看來，聲音是與全口腔發生了密切的關係了。既然有了關係，則由質的關係而可從形上面看出來的；就是說，發聲聽聲固然好，就是不發聲，由嘴形也可以知道其人的福祿與壽命的，當然關於其人的性情也可以看出來的。」

張鐵嘴說到這裏突然想到一件事，便微笑對曾先生和歐陽先生二人說：「請你兩位看看，畢先生的嘴唇是否和一般人有所不同之處？請你們說：看其不同之處在那裏？」

歐陽先生便答道：「我覺得他的嘴唇太薄些，所以有人說他命薄，也有人說他輕薄，也有人說他心口不如一；但我們覺得他還好，並沒有甚麼太輕薄的地方。」

曾先生畢竟大了幾歲，見聞稍廣，他就這樣答覆說：「我覺得那些毛病，十個人中總有一二個甚至有更多的人是這樣，但他的嘴唇的邊緣，卽唇紅和臉皮好像連在一起沒有甚麼分劃似的。」曾先生也突然問：「難道這也算是甚麼一種毛病嗎？這到底有甚麼毛病呢？」

「當然是一種毛病，」張鐵嘴說：「這叫做口唇無邊，是口相的一種毛病，這毛病不是說壽命長短和福祿厚薄問題，而是說他的說話有某種毛病，是言語不實的毛病，如果自己修養也不够的話，那就又難免有欠口德的了。」

此時曾先生和歐陽先生都不約而同地轉臉去注視畢先生一下，意思是說他受到張鐵嘴的批評了。張鐵嘴當然看出他倆是這種意思，便急急解釋說：「我這話並不是批評畢先生的人品問題，只是就看相上說的因爲他有了這口唇相，便有他那種的說話相，這原是連在一起的，不用他開口說話，只要看他這種口唇，就可以知道他是喜歡說話，同時是言語不實，甚至有欠口德的。」

畢先生坐在一旁，聽着他們在評論，又聽着張鐵嘴先生這樣在論他的口相，於是就接着說：「說我喜歡說說笑話那倒是對的，但若說我言語不實，乃至說我有欠口德，這是我不承認的，我也和大家一樣多說老實話。」

張鐵嘴看相先生就接着嘴解釋說：「請你先不用不承認，也不用有所介意，這是看相，頭先原是你先看的，我爲甚麽請你讓起來先給歐陽先生看呢？現在我老實告訴你，就因爲你一開口就說不老實的話，所以我就把你留下，等我先看完了兩位再來和你談談的，現在我姑且先和你略略說一下也無妨。」

張鐵嘴停了一下，就說：「畢先生，請你說說看，剛才你坐在這裏的時候，我問你看相爲的是甚麽事的時候，你是怎麽說的？請你安靜一下心思，記記清楚，剛才你怎麽說的。」

畢先生說：「我是剛從上海來北京，要在這裏一個機關裏謀事，但不知能謀得成與否。」

「對的，你是這樣說的，」張鐵嘴說：「那末我現在問你，你這話到底是實話呢，還是言語不實呢？你是剛從上海來的嗎？」

此時曾先生和歐陽先生兩人都不禁笑起來了，而畢先生則啞口無言以對。接着畢先生又勉强自辯說：「那是我故意這樣說，用以試試你的工夫到底如何罷了。」

「不管你是無意或是有意，總之，你是言語不實，那是無疑的。到這裏看相的人，雖然也有像你這樣故意虛假來試探我，但我卻不被因受試探而失敗的，因爲我並不完全以他們所說的話爲主要根據，主要的根據是相局，我是就相局說，是就相論相，是是凶說凶，是吉說吉的。」

曾先生此時就插嘴問道：「張先生，你說他不是剛從上海來，難道就是因爲他的口唇無邊嗎？還是你另從別的方面看出來呢？」此時歐陽先生就離開桌頭的位子，而畢先生就再坐上了那張備爲客人所坐的位子。

「你們一進來，我是先看你們的格局和氣色的。比如說，我先看了畢先生的口唇，知道了他的口唇是無邊型，因而我對他所說的話特別留意其言語不實之處，這樣，我首先就知道他所說的是假話，是屬於試探我的話，想用這話來撩亂我的看法的。」

曾先生不待張鐵嘴說完又截着說：「難道口唇有邊的人就不會說假話嗎？說假話的人也都必定其口唇必無邊的嗎？我有一個朋友，他並沒有口唇無邊的現象，而他卻也是一個信口雌黃的人，這又是怎樣解釋呢？」

「當然不能一概論的，相局的互相關係是很關重要的，比如說，如果畢先生的鼻子稍厚一點，眼睛的神情也稍定一點，那他就不至於每日非說假話不可的情形了。」張鐵嘴又解釋說：「他雖然說是剛從上海來，我卻不用聽他的話，而可就他的驛馬氣色看，如果他確是剛從上海來，那末他的驛馬還留下動的退色可以看出的，然而，他滿臉春風，並無驛馬的退色，所以斷定他不是剛從上海來的了。」

張鐵嘴說到這裏，就面對畢先生說：「你說想在這裏機關中謀事，問我看看成不獄，但依我看來，你早已有了官職，雖然不大，薦任職的官員那是無疑的，因此，我認爲你所問的事並不是你所正要問的，你只是來試探我的，所以我認爲可不必第一個先看你，你可以先讓別人看，想你也必肯讓人，因爲你本是兒戲的。」

「張先生，我倒不是完全兒戲的，我是的確也有一事要問的。」

畢先生還沒說完，張鐵嘴卻截住說道：「你不必說，我已經知道的，你是要想利用目前有一個好機會升遷對嗎？」

此時畢先生看看曾先生和歐陽先生，三人面面相覷，覺得張鐵嘴的相法果然太奇妙了。於是曾先生就說：「那末請張先生看看他的升遷之事可以進行的嗎？進行有成嗎？」

「讓我先把畢先生的口相說完了再說，」張鐵嘴又繼續談論畢先生的口唇相理，他說：「畢先生的口唇無邊，言語不實，在剛才進到這裏之後，短短時間就有不止一句的話可作證據，讓我現在再舉一句說，剛才當我談論歐陽先生的婚姻事故時，他不是也說過他和歐陽先生是老朋友，是甚麼都知道的嗎？其實你們並不是甚麼了不起的交情，也不是甚麼老朋友，更妙的，他這話，在不知不覺中，把自已的前言完全否定了，因爲他曾說他是剛從上海來的，剛從上海來，那可是老住在北京的人，而彼此甚麼事知道的老朋友呢？這不明明前言不對後語的言語不實嗎？」

說到這裏，畢先生低首佩服到地，無話可說了。於是看相先生張鐵嘴便轉而談論關於畢君的升遷問題。他說：「當你一進門，我就看出了你的氣色是有升遷的現象的，所以當你告訴我說你是剛從上海來此，我就不相信你的話了，因爲你是升遷的氣色而不是驛馬的氣色。」他接着說，「依我看來，你此次升遷只有升而沒有遷，就是說，你是坐地高升，不是易地高升，是在原有的機關裏高升一級，不會調動的。」

畢君一聽見張鐵嘴這樣說，似乎有些奇怪，就說：「張先生，對不起，你這一下卻看錯了，事情恰恰相反，我是會調動的，現在只是不知道調動的方向。不過，只有兩個地方，一個地方在北京之東，一個地方在北京之西，這兩個地方由我選擇，我大概選擇西邊這個地方的。」

「眞的嗎？」那張鐵嘴說：「畢先生，不是你對不起我，而是我對不起你，我又要說你因口唇無邊而言語不實了；因爲你只是自己心中想到西邊那個地方去，而不是由你選擇，如果是可以由你選擇的話，你自己早就選擇定了，今天何必又來問我呢？依我看來，無論是東是西，你都是去不成的，因爲你的驛馬沒有動。」

這其中到底是甚麽一回事呢？原來當時畢君是在財政部稅務署裏當一個一等科員，

多年來他希望外放，當時財政部有個直轄的稅收機關，正在改組，畢君就想趁此機會進行外放，有兩個地方比較合適的，一個是設在香河縣的分局，一個是設在苑平縣的分局，香河是北京之東，比較遠些，苑平是北京之西，比較近得多，所以畢君滿心希望能夠派到苑平去當分局的局長的。

因此，張鐵嘴所批評畢君的「口唇無邊，言語不實」的話，不特畢君自己心中明白，而在旁的曾君和歐陽君也逼得笑起來了，因為他們也知道畢君的內情。

於是畢君只好裝着笑臉接受張鐵嘴的批評，繼而又請教道：「那末，依你看來，我的外放是沒有希望的了；那末，我的升擢之事，將於何時可以實現呢？我何時才可以外放呢？將來有沒有獨當一面的機會呢？」顯然，畢君說話的神情似乎很是失望，因為分局的局長原是一個肥缺他謀不到了。

張鐵嘴說：「依我看來，你的高升之事，將在七天之內，早則三天，遲則五日，總不出七天的。至於你何時可得外放，此時看不出，因為外放之事屬於調動，要看驛馬的氣色，此時看不出，須等當時的一個月至三個月前才能看得出的。不過，就你的所謂『獨當一面』的事說，你此次高升之後，在兩年之內不會有調動，要調動要等兩年之後，所以，你所希望的外放，大概就在那時候吧？」

說來奇怪，兩年後畢君情形如何雖然不得而知，那天之後沒有幾天，張鐵嘴有一天夜來看家母舅，說是那位畢君，果然於第三天財政部稅務署奉到命令發表他升任科長，完全被張鐵嘴推斷準了，是坐地高升，沒有調動，而原來那位科長被調任爲宛平縣的分局局長的。公事一發表，畢君因爲前幾天看了相，所以也心平氣和地向原任科長道喜升遷爲局長，同時也把自己看相之事告訴了局長。

這位新任局長一聽見畢君說看相這樣靈驗，第二天就由畢君陪來看張鐵嘴。一進門，畢君向他介紹那位同來的朋友，說這位張先生要想到上海去謀事，請問是否有成？

張鐵嘴又笑對他說：「畢先生，我們該是老朋友了，你何必又言語不實呢？」

畢君也大笑說：「你不是說我口唇無邊嗎？那是我的口唇之過不是我姓畢的喜歡說假話呀！」接着就說：「好了，好了，現在隨你說的，看看我這位朋友氣色如何？我的氣色又有甚麼變化沒有？」

「先說你的吧，」張鐵嘴說，「恭喜你了，你已經高升了，老朋友可以請我吃一餐烤鴨了！」

接着他看了一下那位朋友，說：「張先生，我也向你道喜了，你也高升了！」這位張先生只是笑笑，沒有說甚麼話。

「他的高升是否和我一樣，也是就地高升嗎？」畢君說，「他的官階比我如何？他的財氣又比我如何呢？」

張鐵嘴囘話說：「他和你不一樣，你只有升而不遷，而他則是連升帶遷的！」

「是否遷去南方？」畢君說。

「不是，大約就在本京附近，因爲他的驛馬雖然動，卻動得不太厲害，所以不會遠行。」

因爲有了這囘事，所以畢君就把自己高升和這位朋友就是本科科長而外放去宛平當局長的事告訴張鐵嘴了。

三　命不當死・絶症有醫

我們中國有句老話就是孔子門人子夏所說的：「死生有命，富貴在天。」這句老話已經成了人生的眞理，任何聰明能幹的人，當他遭遇到「欲生不得，欲死不能」之時，他照樣沒有辦法擺脫痛苦，逃出鬼門關，當他碰到了「時運不濟，懷才未遇」的時候，他也一樣只有「英雄無用武之地」的悲哀，這是涉世稍深的人都有此同感的。不相信命運的人，不遵行天理的人，大都是年輕的和個性較强的人，但等到入世稍深，受了折磨之後，他就無可奈何地要相信「死生有命，富貴在天」了。

不過，「死生有命」這句話的眞義並不是說有病也不用看醫生和服藥就會好；「富貴在天」這話的眞義也不是說窮困時不必努力就可以過活。是說有病應當求醫服藥，盡了人事還要死，那是命定的，如果有病不醫，或是醫錯，那就是「枉死」的了。同樣情形，做人謀生總要勤謹努力，要富貴，也要盡了這起碼的條件，不是不勤謹努力而能富貴的，盡了努力的人事之後，富貴與否，那就要看天意了。

從前上海有一個德醫林洞省，是上海的名西醫，從前西醫以德醫爲第一，英國的，日本的次之，做醫生的人，雖然心中相信命運，而口裏絕少肯說命運的話；因爲如果說命運，那一則就不啻叫生病的人不要看醫生不用吃藥了，病家也懷疑到你的醫術既委諸天命，那就可知你的工夫不夠到家了，這豈不太糟！因此林洞省醫生也不例外，他平日主張有病一定要醫，只是醫生的醫術不夠高明，自己不知醫罷了；這是他爲醫的一個基本態度。

林醫生是福州人，所以他和鄭孝胥以及書畫家青山農是很相熟的。有一天他和鄭孝胥，青山農諸人在一起閒談，鄭孝胥年紀比他稍大些，平日看他有些驕傲，認爲對於行醫的人需要謙卑，所以他一有機會就在話裏諷刺他，告誡他。那天，小飲之後，鄭孝胥說起一段故事。

他說，「他有一個中醫老朋友姓齊的，有一天半夜酒醉回家，遠遠地看見他的招牌下面站着許多鬼影。他定神一看，都是最後由他醫不好而去世的。他知道這都是所謂『寃鬼』；於是他就乘醉走近家門，大聲向他們咳了幾聲。

「他以爲鬼魂一聽見活人的咳聲就會散走的，但是當他咳了幾聲之後一看，許多鬼魂依舊在那裏沒有散去。於是他就壯着膽走近家門大聲地對他們說：『我們都是老朋友，我老實告訴你們，藥醫不死之病，凡是該死之病和當死的命，我是無法醫治的，不久，我自己也要死的！』

「說也奇怪，這一羣寃鬼聽了醫生這麽一說，像狂風一陣，倏忽之間都散走了。」

鄭孝胥接着就問林洞省：「你想想看，我這位朋友的醫術高明不高明？」

林洞省就答說：「當然不高明，高明的那裏會有這多枉死的鬼呢？做醫生的醫錯一二個總是難免，那裏會這許多呢？」

鄭孝胥看見林洞省還不肯降心下氣，又接着說：「我這位中醫朋友，每天平均要看六十個病症，每年要看二萬多症，平均每個病人要看五次，他每年要醫二千多人，三十年行醫了，枉死的鬼就是一羣也不算多，後來有一個剛剛行醫不久的醫生，聽說這話，他就說，他有一天夜歸時也看見招牌下面也有鬼，但他看清了只有三個鬼。

「有人以爲他只有三個枉死，可見他的醫術比老齊高明多。但後來經人一查，原來這位醫生自開業以來，重病的只醫過三個，其他都只是小病，而這三個重病的，經他一醫就都不治死了，所以他的門口只有三個鬼魂。」

鄭孝胥接着又問林洞省說：「你估計你的招牌下面有多少鬼魂？是一羣，還是三個呢？我想，你既是上海的名醫，寃魂總是不少的！」

「我從來沒有看見過鬼，」林洞省說：「根本就沒有鬼這東西。」他很聰明，說多也不是，說少也不妥，根本不承認有鬼，這倒是一種聰明的對付辦法。

在座的青山農，看見林洞省和鄭孝胥爭辯不下，就出來和解說：「醫生，醫生，老早就說明他所能醫的是『生』人不是『死』人，藥醫不死病，這話是不錯的，所以秦始皇當初才遣徐福去蓬萊求『不死』之藥呢？！」

於是他們就順路談起秦始皇的惡死以及天下亡於二世胡亥，都是他命中註定的。其中有一個算命的朋友姓高的，他曾替鄭孝胥算過八字，說鄭孝胥將來還有十年的大運，又要東山再起，官居一品的。

林洞省醫生原不相信命運之事的，剛剛他受窘於鄭孝胥，現在便乘這機會對鄭孝胥反攻，他說：「根本算命之事也和鬼事一樣絕對靠不住的，你老高前年不是蘇戡（鄭孝胥別號）算過八字，說他將來還有一運要當大臣嗎？你們眞相信嗎？我眞不敢相信，除掉宣統再做皇帝！」

「你不相信嗎？」老高說：「我今天在大家面前先說一事，明年這個時候，你就要相信你自己的命運了。」

原來老高曾把林洞省八字早已看過了，他看出了林洞省明年要發生一件事情，所以爲着與林洞省爭這算命的氣，就在大家面前宣布說：「各位請聽，洞省明年此時，剛剛大病一場，正是醫生自病不能醫，要由別人把他醫好的。」

「大病一場？」林洞省聽了十分懷疑而帶三分鄙視地說：「上星期我才全身檢查過，以此次檢驗的報告看，我的健康一切正常，依通常的情形看，像我一向保持的生活情形，最少在這一年之內大病是不會有的，小病那就不敢說，但若是小病，我當然自己可以醫，若係大病，當然我要進醫院由別人醫了。問題在於我根據全身健康檢查的報告看，這是保險公司託由醫生負責檢查的，每一年檢查一次，看是一切正常，就是不會有大病的。」

老高堅定的說：「說起醫理，我當然外行，說你不過；但我現在所說的並非醫理而是命理。說起命理，我想你洞省應比我外行的。現在當然不能證實我的話，到了明年此日你的大病當已剛剛過去，那時，大家當會見到吾言之不謬了，我認爲，我的命理判斷比醫理檢查可靠。」

這樣一說，大家也半信半疑地說說罷了，放在耳後等待明年再看情形如何。好在只是一場大病，不至於死，所以當時不曾太關心，而林洞省更是不相信這放誕之言的。

說也奇怪，他們此次談話的是在青山農黃葆成的家裏，那時青山農住在上海靜安寺路的西摩路菜場附近。那天是九月初九重陽節，青山農請他們便酌歡敍的。

果然，到了次年七月初，林洞省發覺身體有些不舒服，像胃病又不是胃病，像喉疾也不像喉疾，發炎也不是，腫塊也沒有，眞是自己不能醫，雖然不進醫院也要請別人診察了。

起初他的朋友醫生們有的以爲是喉嚨生癌，但經過檢查又不是癌，最後由一個德國醫生診斷爲「食道縮小」症，也就是我們中國的所謂「革食」病，就是東西吃不下的毛病，俗語所謂「神仙難醫癆膨革」，這癆、膨、革三症都是重病，是有病無藥可醫的。現在，對此「食道縮小」有醫無醫不曉得，在當時是一種絕症，既沒有特效藥，也不能開刀割治的。當然醫生對於任何疾病總不肯宣告無醫，坐而待斃，都是用盡可能的醫藥去圖挽救的。因此林洞省就以那位德醫主持，邀請他的醫生老友幾位和德醫商量醫治的辦法。然而病症一天嚴重一天，所有東西都不能吃進去，就是米湯灌進去也要吐出來的。爲着維持生命，每日打葡萄糖以及其他營養素。這正是到了羣醫束手的時候了，林洞省自己知道不久於人世了。林醫生太太也已經吩咐親戚們替他準備身後之事了。

有一天老高來看病，林洞省自己已到了無力開口說話的情形了，因爲這病似乎不甚痛苦，但因飲食不進的結果，當然沒有體力了。這可以說就是活活餓死的，林太太事先知道老高曾替林醫生算過命，背後就問他到底命中該死不該死？因爲老高曾說林洞省今年只有大病，可以痊愈的。

然而，現在依病況看來，又非死不可，這又是怎樣說法呢？老高依舊本着命理說，林洞省的命今年不當死，此病雖屬無藥可醫，卻因命理不該死，終是有救的。

林太太一聽高先生如此說法，她就另作一個打算，就是她想改由中醫診治。這事固然在無辦法中也可算是一種辦法，但此事實在難行，因爲林洞省自己是上海一名西醫，若是自病不能醫，上海所有名西醫會診也無法醫了，竟然求助於中醫，這未免難爲情了，深怕林洞省不會同意的，而醫生朋友們當然也都一定反對的。

雖然是這樣的情形，而林太太爲着丈夫的生死關鍵所在，當然要自作主張，他托了許多上海本地的人士，替他代覓一位中醫，要他主診醫治林洞省的食道縮小的病的。過了幾天，有個吳淞朋友姓杜的，來看林太太。

杜先生來見林太太，說由他的一個去年患過革食病朋友，也是當羣醫束手的時候，得由一個老中醫醫好的，他說這位老中醫師，是寶山縣人，年紀也已將八十歲了，怎樣請他由寶山來上海，還要先派人和他接洽的。

寶山和上海鄰縣，吳淞口的炮台灣就是寶山縣屬，由寶山坐轎子到炮台灣，就可以坐火車到上海的，時間不過一小時光景，交通也不算太不便，只是老醫生年事大了，是否肯來是一個問題，林太太聽了這消息，立即派人隨此人去寶山。那位老中醫是姓丁的，因為年老了已退養林下不再掛牌行醫了，只是熟人介紹來到家裏的才偶爾替人家按脈開方，要請他出診而且到上海去是不成的。

但是，依林洞省的病情看，又非請他到上海去不可，因為林洞省的病體已經到了不能起床的地了，好在派去寶山的人也曾請托了寶山的鄉紳同去，大家再三請求丁老醫生發慈心特別破例去一趟，先看看此病到底有醫無醫，如果無醫那就算了；如果有醫再看情形如何作決定，丁老醫生就在大家的情商下，才答應他們第二日由寶山鄉下坐轎子到炮台灣再坐林醫生的汽車來上海，第二日丁老醫生來到了北山西路的林洞省家裏，才知道林洞省原來是一個西醫，也知道此病經過上海所有名西醫都看過了認爲無藥可醫的食管縮小病，他照例對林洞省的病經過望聞問切之後，沒有說甚麽話就退出客廳來，朋友們在客廳等待醫生出來聽消息，林太太陪醫生進房中，也隨醫生來到客廳。

大家都以十二分沉重的心情請問老醫生，這病症就中醫看有醫還是無醫。丁老醫生說，此病原屬難醫病，時間又挨了太久，病人體力已受折磨到太衰弱了，所以現在還不能斷定如何，要試服幾天藥之後，才能知道情形如何。大家只聽醫生說還可以開方服藥試試看，就也够歡慰了，因爲大家原恐怕老醫生宣告無醫，不肯開方的。

但是，老醫生雖然答應可以開方，卻因爲林洞省是西醫，恐怕他不肯遵依醫生的約束，開了方藥而不服，所以老醫生在開方之前，對林太太說：「此病有醫無醫、只看這三天之內服藥情形如何，但因他是西醫，恐怕他不肯依從我。」

丁老醫生以極嚴肅而鄭重的語氣繼續說：「如果他不相信中醫，不肯聽從我的吩咐，那是無法醫治的，也就用不着開方了。」因爲這不特關係病人的性命問題，更關係到他老先生的醫譽是不值得的，把他能醫之病變爲罔效，他是十分不願意的，所以他不想開方，除非有人保證能够使林洞省絕對聽從他的話服藥，他才肯開方。

林太太在旁聽見這話，認定老醫生此言甚爲有理，過去林洞省也常對病家說這類話的。於是她就對丁老先生表示，她是林洞省的太太，只要老醫生肯開方，她絕對負責遵照老醫生的話辦理的。丁先生爲着使林太太明白服藥的方法，就先把服藥的情形告訴了她。

他說，他所開的方藥，一服要有十斤的熟藥，用水二十斤煲至十斤的湯藥。因爲病人的食道已經縮小了，自己已不能飲食了。所以要用銅製的小湯匙，把湯藥一點點的灌進去的，灌藥雖然不是難事，而所難的是這湯藥苦味甚濃，灌了幾下就會嘔吐的，由於食道生病，嘔吐當然比一般的嘔吐痛苦得多，所以病人在灌藥一開始，最遲數分鐘後嘔吐時，就會拒絕灌藥的。

然而，這藥又不能停止，從開始灌起，須三小時不斷地灌，隨吐隨灌，可以分兩次，把這十斤的湯藥在六七小時內灌完，灌了一半之後，如能嘔吐稍緩，那就是藥力已能生效；那末再灌第二服。二服灌完，再來請他復診，若不能使嘔吐減少，那就無藥可醫了，就不用再請他來了。

丁老先生最後還對林太太說，病人可能啼哭求你不要再灌，但你千萬不要可憐恤他，你要堅決灌完爲止。林太太聽了這話，就對丁先生表示，她必定會做到。於是丁老先生才把十斤熟藥的藥方開出了。

林太太爲着決心執行此事，一面煲藥，一面把替林洞省算過命的高先生請來，她高訴高先生，說此藥預備今天午後開始灌，有效無效到了晚上就可以看出情形的，因爲若是有效，嘔吐就會減少的。她把林洞省的命紙給高先生，請他查查看，今天的日子，有沒有轉機的希望。老高不待林太太說完，回答說：「不用再查八字了，我前幾天已經看過了，今天明天兩天就是轉機的日子。」

林太太一聽老高這樣說，膽壯了。她決定執行老中醫的吩咐，要把這十斤的湯藥進病人肚裹。在下午天黑之前灌完，果然一開始灌時林洞省就不能忍受其痛苦，因爲不灌藥難受，由於喉嚨縮小，灌藥時也難免有劇痛，而嘔吐時的痛苦更是難堪了，他對太太表示，此病總是醫不好的，既係絕症，就讓他早些死去免得活受罪更好。

這樣一來，他表示寧死也不再吞藥，灌藥的工作就難免困難。當然許多家人和看病的親友們，勸慰他要勉强服藥，因爲不管如何痛苦，服藥總不比病痛更苦，而且只是這一服藥而已，吞服完了就會見效的。

但是林洞省本來就以西醫的身份對於老醫生的中醫表示反對的，現在使他灌藥有如此的痛苦，更不相信此種在西醫認爲絕症的，只憑湯藥而能治愈，所以他不肯接受親友的規勸，林太太急得沒有辦法，因爲丁老醫師說，這服湯藥要在煲好之後半天之內灌完，且要趁熱的時候灌，不宜冷了再熱，所以她逼得無法，只好懇求兩位親戚幫她忙，把林洞省用繩子綁在床上，使他不能轉動，一面又由兩人壓住頭部，張開他的嘴巴，她拿起銅匙，一匙一匙的硬灌了。

果然林洞省因痛苦難受啼啼哭哭地向太太哀求了。而林太太呢，沒有話說，也只有一邊流淚，一邊還是硬灌。他叫人打電話去請高先生，要高先生在床前對林洞省說，依老高的算命，今天就是此病轉機的日子，交了晚上戌時，就要開始轉機的，希望林洞省能夠忍受下去。

林洞省聽見老高這樣說，記起他去年此時曾說過此事，說是今年此時就要相信自己的命運了，林洞省似乎記得不大清楚，大概油於病昏了，就問老高：「你去年是說我今年要大病一場，醫藥罔效嗎？」

「不是。」老高說：「我當時是說你明年此時，剛剛大病一場，正是醫生自病不能醫，要由別人把你醫好的。」

由於林太太的堅決執行灌藥，果然到了傍晚那十斤的湯藥灌完過半的時候，林洞省的嘔吐已不甚痛苦，這絕症當晚就好轉了好多，第二天丁老醫生來時，只再開兩服藥連服十天，竟然完全痊愈了。當時林洞省此病也會哄動了上海醫藥界，認爲是一件奇蹟。

四 語中有金聲・斯人死非命

抗戰前一年的中秋，和幾個朋友由上海搭觀潮的專車到海寧去觀潮，一路又到杭州西湖去玩，一起去的有六個人，中間有一個是精於相術的陶半梅，有一個是精於命理的渾天閣小主人。陶半梅前年遊北平時曾作渾天閣老主人的貴賓，所以這次渾天閣小主人由北平來江西遊歷，陶半梅要請我陪伴他們玩玩江南名勝的。

每年中秋節前一二星期，杭州所有旅館都被定滿了的。這時可算是杭州最熱鬧的季節，因爲杭州西湖天氣夏天大熱，春天多雨，冬天嫌冷，秋天最好，尤其是中秋的月夜，所謂「三潭印月」，「平湖秋月」，都是西湖著名的月景，所以就西湖景色，言每年以中秋遊客最多，更加以錢塘的觀潮，也在中秋的十五十六和十七三天，杭州的旅館必滿之外，臨時的旅店，像寺廟，私人別墅以及學校宿舍之類，也一定客滿的，當然也還有私人家中的宿客。

因此，中秋節的杭州遊客之中，也還不少算命看相先生所謂「跑江湖」的，大多數藉此機會去做些生意，也遊玩一下此名滿天下的西湖名勝。其中也有像陶半梅的特意去尋訪異相的，此時在西湖就可以看到南北各種的人相了。

爲了旅館問題，我們是前兩個月就托杭州朋友替我們定好了西湖中的西冷飯店兩間房間的，當時的西冷飯店可算杭州的第一流中的最好旅館，比之湖濱許多旅館都高尙得多，交通雖然不及湖濱各旅館便利，而瀏覽風景卻比湖濱各旅館好得多，俯覽西湖會景，滿眼風光眞是美不勝收。

有一天早點用後我們在前廊品茶，面對西湖，山光水色，滿懷柔情輕風，到處花香鳥語。

我聽見隔座的屛風裏的旅客的談話聲，似是很相熟的，我就起來到隔座屛風裏一看，果然是熟人羅一得和他的朋友兩人在那裏。他們三人一起是從南京來的，昨天夜裏才來到，羅一得就把兩個朋友介紹給我，一個是姓賀的，一個是姓傅的，同時告訴我，這位傅先生是浙江人，曾和蔣經國先生留學俄國多年的。

我們談了一些閒話之後，我就回到前廊，陶半梅就問我：「隔壁幾位都是你的朋友嗎？」

我說：「有一個是，其他兩位是剛才初見面的。」

我又說：「我給你介紹好不好？看看有沒有新大陸。」

因爲我們知道陶半梅每到一處都希望能在人相發現奇異的新大陸，所以我問他要不要給他介紹一下。他搖搖頭，一面招手叫我坐在他身邊的椅子，我們在前廊所坐的位子和羅一得他們所坐的地方，只隔中間一個座子，又隔着一面屛風而已，彼此說話的聲音是聽得見的。

我坐下之後，陶半梅就輕聲地問我：「在說話的是你的朋友嗎？」那時正是羅一得在說話，我就答道：「是。」

一會又聽見他們在高聲說話，他又問：「這個是剛才初見的朋友嗎？」

「是，是姓傅的；」我說：「曾在俄國留學多年，是蔣經國的同學。」

「是的嗎？」陶半梅朝我耳邊說：「此人他日死於非命。」

「是的嗎？」我問：「他的聲音有毛病嗎？我倒聽不出來。」

「你注意多聽幾句，就會聽出來的。」

於是我就側耳細聽。

「是語帶金聲嗎？」我說：「是很輕微的，不注意是聽不出的。」

「不是輕微，」陶半梅解釋：「這叫做金絲聲，若能配上金型，則有小貴，但其爲人雖頗聰明，卻嫌尖刻，不利六親，且有刑尅。」

平日我已經聽陶半梅說過，凡人語中帶有金聲的，必有殺氣，主有生殺之權，能殺人，但也必被殺，但辨金聲並不太容易，大概可分三種：第一種最容易聽出的是「破鑼」聲，第二種是「碎金」聲，而第三種最難分辨的則是這「金絲」聲了。因爲陶半梅說「若能配上金型，則有小貴」而這位傅君確係金型，所以我就對他說，此君正是金型的，現在已是一個公務人員，也可算是小貴了，請你再詳細看看，此君雖然將來死於非命，到底小貴到甚麼官階，死時的壽數是怎樣，讓我學學一點功夫。

接着我就帶陶半梅走過屏風，爲他們介紹一下，事後陶半梅對我說傅君今年三十六歲，依他的相局看，他的官階還不止此，後年三十八歲會高陞，四十歲會有獨當一面的官職。就壽命言，恐怕只再有十年的壽命，到了四十六歲就會死於非命的。最奇怪的一事，他又說傅君四十一歲那年，將有類似殺人的事發生，我問他是不是因爲那時傅君操有生殺之權而殺人呢？

他又說不是，因爲他聲音不是「破金」聲，並無生殺之權。據陶半梅解釋說，傅君只是「金絲」聲，不能任正式武官，只是文官或帶有武官銜的，同時，他四十一歲那年仍是在文官任內，何以那年而有殺人之事，那就不知將是何種情形，需要將來事實發生時再說了。

因爲就相上看，只能曉得這樣，於是我們就想起渾天閣小主人在此，如何不請他看看老傅的八字呢？同時，陶半梅也有意請渾天閣小主人能够在命理上有所發現，做他相理的補助。既然如此，我就向羅一得處查問傅君的八字。原來傅君雖是留學俄國多年，會是「唯物主義」的信徒，卻也極其相信命運的，前幾天才在南京童瞎子處算過命，此次來杭州，也想去杭州一個有名的算命再算。

傅君的八字是「辛丑、辛丑、甲辰、甲子」，渾天閣小主把他的行運方位一排，就在酉運上面用筆乂了兩乂，表示這一運走不過去的。那酉運就是他四十六歲由酉運交脫轉入丙運之年。好奇妙的，當我把傅君的八字交給渾天閣小主時，是把羅一得所開的他自己和傅君兩人的八字一起交給他的，我們也未曾把陶半梅所看相的情形告訴渾天閣小主，而他竟然能在傅君的八字上看出四十六歲會有危險關口而和陶半梅看相所論斷的一樣。

我們看見他所批的傅君壽命關口已和陶半梅所論的一樣，於是我們就請陶半梅來聽聽渾天閣小主的推斷了。他說傅君的八字名叫「兩干不雜」格，算是貴格，此人必係從政，不是從商。我和傅君那天只是初見，當然不知他的底細的，而渾天閣小主連面也沒有看見過，卻從八字上知道傅君的情形好像是一個老朋友。

他說傅君前若干年已是結過一次婚的，頭一個是離婚了，且已有子但此子已出繼，不能歸宗。

我們聽得很奇怪，那有像傅君這樣年輕的人，今年他才三十六歲，前若干年只有二十多歲的青年人，那有與元配妻子所生的孩子會出繼而且不能歸宗之理呢？因此我們就問：「此子是不是由他的前妻帶走了的？」他又說不是，他說他的前妻是琵琶別調的，是先與人通姦，之後才離開傅君別嫁的，那孩子是出繼給別姓的，他又說傅君後三年有桃花運，是弄假成真的夫妻，這是他的第三妻，此君一身有三妻之命。

這話又使我們莫名其妙了。我們就問：「傅君的頭妻已經離婚了的那末第二妻是何時去世或是也離了的？」

他說：「他的第二妻並沒有離，也沒有死，現在是和他一起，而且有了兒子，三年後，這妻子也不會和他離婚，只是他又娶一妻罷了。」

我們因爲當時國民政府曾以法律規定一夫一妻制度，連娶妾都不許，那有同時兩妻之理呢？

所以我們就以不信的態度問渾天閣小主，政府法律不許有兩妻，此君安可獨有兩妻之理？但他卻也不能說此理由，只是說，他從此君的八字上看是有兩妻之命。

這些和陶半梅在相上所看的也都差不多，陶半梅知道看相和算命各有千秋，看相有看相獨到的地方，算命也有算命的特別地方，於是他就問渾天閣小主，他自己從相上雖然也可以看出此君以前曾娶妻且生子，但看不出此子出繼不能歸宗，再如他對傅君四十一歲時所發生的一件事雖然也看出了，卻也不能解釋其理由，所以他問，在八字上看看傅君四十一歲那年將要發生甚麼事？

渾天閣小主一陣，答說：「尅妻。」

陶半梅又問：「其妻是如何尅的？」

渾天閣答道：「只能算出那年他要尅妻，但算不出是怎樣尅的。」

於是陶半梅笑道：「你能夠在八字上算出那年他要尅妻，是你算命的長處，而我得到你這一幫助，我可以說他那年是『殺妻』，其妻是被他所殺的！」

「眞的嗎？」我們奇怪了，「此人怎樣會殺妻呢？」

於是我們又問兩位：「此君原有兩妻，所殺的到底是大妻還是小妻呢？」

這問題倒是一個很有趣也很有意義的問題了。先由陶半梅說：「我所能看出的，傅君那年所殺的是和他親近的人，所以我起初想不出他殺的是甚麽人，現在既然知道他那年是尅妻，那末所殺的很可能是小妻即第三妻，因爲這第三妻是他四十歲那年才娶的，當然是和他親近在一起。」

接着他又解釋說：「同時，因爲他那年雖有殺人之事發生，卻無受刑之事，所以這殺妻之事可能是誤殺的。」

陶半梅這種的論斷，是一半相術，一半智術的，看相的也和測字的一樣，遇到疑難問題時，需要運用智慧加以推理的。

看相的這樣論斷，算命的又如何論斷呢？接着渾天閣小主就把傅君的八字「辛丑、辛丑、甲辰、甲子」排出來，又指着下面的運途「丁酉」，說：「那年此君行丁酉運，而那年太歲是「辛巳」，巳酉丑會成金局，而三辛又透出，土化為金。且辰為妻宮，其中乙木被剋太過其中戊土亦屬偏財小妻，故那年此君所剋之妻，並非老妻而是小妻，惟此小妻獨佔妻宮，所以親近太過，又受剋也太過了。又據他說，此八字的兩丑的己土為正財即正妻，所以依八字論，傅君應是兩妻一妾之命。

聽了渾天閣小主人這樣說了，我們似乎覺得命理比相理講得具體些，因為它只是就八字中的五行說，並沒有用智術，只是用理推，陶半梅對於命理的如此推斷，也認為比相術更具體些，但他仍認為相術有它的高明，它也有比命理更具體更硬性的論斷，有甚麼特別的地方呢？

比如說，對於傅君十年之後四十六歲那年的壽終一事，命理上只能看出那年有性命之危，那關口有渡不過去的情勢，但有的八字可以看出是善終或是惡死，有的八字是看不出的，像傅君的八字就是這樣，只看得出那年有死亡的可能，而不能斷定是善終或是惡死。而相術卻能看出那年是死於非命，因為它有「語中有金聲」的具體現象為根據。

由於陶半梅和渾天閣兩人對此命運有過這樣的商討，我們也在場聽過他們的論斷，而我們也只是聽聽而已，到底傅君的將來事實如何不可知的。因此陶半梅和渾天閣二人都說要我們把傅君結識下來，預備十年後看看事實如何，當然也要我先向羅一得打聽看傅君的前運是否沒有錯。就是說，他以前是否已經有了頭妻，已經離開了，又生了一子也出繼了的。

於是當晚我就向羅一得打聽，關於傅君過去的事情，果然羅一得說，傅君在俄國有九年之久的歲月，大學畢業之後曾在俄國做事，與一個俄國女子結婚，生了一個兒子，取名爲「電子」，不久這位俄國女子有了別戀和他離婚。

但這個電子依俄國的法律是夫妻兩人共有的，而且一生出來就由國家托兒所所有，所以當老傅囘國時，這孩子是留在俄國成爲俄國仔了。

我從羅一得處聽了這消息，就急急囘到房間給陶半梅和渾天閣小主人報告。他們皆大歡喜，認爲他們一個算命一個看相都已把傅君的前運妻子之事斷對了，那末後運也一定是對的無疑，現在的問題就是，傅君現在已經有妻子，這是他囘國之後才娶的妻子，而且也生了兩個兒子。三年之後又怎樣又娶妻而不是娶妾呢？（依算命看，這個第三妻應是妾的地位而不是妻，依看相看，也是妻不是妾。）

再有兩個問題，一個是將來傅君四十一歲時，怎樣的又有殺妻之事呢？既殺妻，何以又沒有犯刑事的罪呢？到底是誤殺還是謀殺呢？這問題需要將來事實說明的，另一個問題就是他四十六歲那年的死於非命了。算命算不出他是死於非命，而看相根據他說話帶有「金絲聲」要死於非命，渾天閣小主人決定把傅君的八字保留，等待將來證實，他要研究死於非命的命理。

這事說說也就過去了。我們就對陶半梅和渾天閣兩人負責對傅君以後十年之事加以留意，因爲他既係羅一得的朋友，現在我們也結識了他，十年之內的事不難知道的。

這是民國二十五年（一九三六）歲次丙子的事情，從此後，我們和羅一得照常來往，我在上海他在南京做事，大概他每三個月總要來上海玩一二天的，每次來時我們也大都見面的。照當時的情形看，上海和南京兩地可算是華中最好的地方，一個是首都所在，是全國政治的中心，一個是世界有名的商埠，是全國經濟的中心，他在南京我在上海都做好幾年的事，自己想，非萬不得已，自己是不想離開這地方的。但是，照命理上看第二年就是一九三七年的下半年他又似乎非離開南京不可。

有一次也就是一九三七年的端午節，羅一得來上海，我們就談起老傅將來的命運問題，羅一得就說，關於老傅的後運靈不靈且慢說，先說他個人的事，那時是陽曆六月半，距離下半年沒有好多日子了，據命理上看，今年下半年他是要離開南京的，但他上月剛剛升任科長，而且詮敍上校武官也已成功，他是軍事機關內勤的科長，永遠也不會被調爲外勤的，就有特別情形會暫調，看來絕對不會在今年之內會調動的。

羅一得所說的情形我也同意，他自民國十七年國民政府定都南京起，到現在已經九年之久了，從尉官做到現在上校科長，從來也沒有被調動過，只是按步就班地一級一級地高陞，現在詮敍好了，升爲上校的科長，那是一個內勤坐班的職務，不會調外的。

他說，近在眼前的事可以先看是否成爲事實，如果在這下半年他會調離南京那末他的事應驗了，老傅的後運當然也會靈的，如果他的事不靈，那末老傅的事更和常理相差甚遠，當然不會靈的，羅一得這話的確自有理由。

但是，事情確然很奇妙，他六月半和我握別回南京，而「七七事變」就發生了，繼之，「八一三事變」隨之發生，從此他就不再來上海了，跟着國民政府西遷了，果然應了命理的推斷，他於「丁丑」年的下半年離開南京了。

傅君原是和羅一得在一起做事的，當然也隨政府機關也西遷了，從此我們與羅一得失了連絡，抗戰軍興之後，大家也都有自己的奔命，誰也不去關心傅君甚麼後運如何的問題了，不過我們和陶半梅見面時，有時談起命相之事時，也還在以無法知道傳的情形為憾。

到了抗戰勝利的前一年，無意中在公路上我碰到羅一得，七年的濶別，我們在汽車上足足暢談了十二小時，我本已把老傳的事忘記了的，因為談起另兩個朋友在內地娶了所謂「抗戰夫人」的事，羅一得突然記起往事，以驚奇的口吻對我說：「我要告訴你一件是你所喜歡的事，你猜猜看是甚麼事！」

我看他那種驚奇的口吻，就說：「是不是王海民也結婚了？」

「不是。」

「是不是周惠玲也嫁人了？」

「也不是。」羅一得又補充說：「這事是與八年前的事有關，與命運有關係的。」

「噢，我知道了，」我說：「是不是關於老傳的事？」

「對了，」他說：「你的朋友陶半梅和那位北平來的算命先生，所說的事眞的應驗了。」

「應驗了？老傳死了嗎？」我當時已經記不清楚老傳那年是多少歲了，只記得命相上說老傳是死於非命的。

後來經過老一得說明，才記起當時陶半梅和渾天閣小主人所說的老傳後運有三件大事，那就是三十九歲娶第三妻，四十一歲殺妻和四十六歲死於非命。

於是我就記起當時是在杭州西湖的西冷飯店，陶半梅因爲聽到老傳的語中帶有金絲聲，說他將來要死於非命，後來又看了老傳，後來老傳的八字也經過渾天閣小主人看過，他們兩位命相行家，都說老傳是三十九歲要再娶，四十一歲有殺妻之事，而四十六歲又死於非命的。我把當時的事一記，再把老傳的年齡一算，知道老傳才四十四歲，照算還沒有死於非命。於是我就請羅一得把老傳的事說說。事情眞的奇妙，老傳三十九那年眞的娶了第三妻，而四十一歲那年也眞的殺妻了的。

事情到底是怎樣發生的呢？羅一得說，抗戰的第三年，卽一九三八年，傳君三十八歲，被派去青島擔任地下工作。當時由內地到青島，不是便當的事，路上要經敵僞的地區。到了青島，那是被日軍佔領了三年的要區，要想駐足更是不易。所以指揮這地下工作的機構，就選了一個女同志，作爲老傳的假妻，以便路上的掩護的。

這位女同志是姓丁的，相當漂亮，也相當能幹，於是兩人就奉命爲假夫妻向淪陷區出發到青島去。據說，老傅與丁女士自抗戰大後方出發，在路上第三天就由假夫妻變爲眞夫妻了的。眞夫妻當然不會引起別人可疑，不久就到達了青島。在青島確也曾建立了地下工作的站頭。

不幸得很，在青島工作不過幾個月，卻被汪精衛的僞政府特務人員所探悉，由青島的日本特務機關的協助，老傅和丁女士就被捕押到上海來了。因爲老傅是留學俄國多年，對於特務工作頗有經驗，一到了上海，就被汪政府的特務首領丁默邨和李士羣所優待，並派他一份職位。

老傅既然成爲汪僞府的特務人員，對於丁女士的非正式的同居關係自然需要加以改變一下的，於是不久他們兩人就在上海舉行正式結婚儀式，而且是由汪政府要員周佛海任證婚人。這一舉動當然是丁女士之所要求，因爲她知道老傅在浙江鄉下已有了太太，而且生了兒子，自己如果不和老傅正式結婚，就成妾侍地位了。結婚的時候正是老傅三十九歲那年，而這位丁女士，旣是老傅第三次正式結婚的，當係第三妻，但因老鄉家裏已有了妻，卻又好像是妾了。

關於命相上所推斷老傅後運的三件事，這頭一件已經應驗了。據說，這位丁女士是一位善於御夫的女人，老傳平日十分怕她，四十歲那年老傳被汪精衛政府派任爲某市市長。那時候老傳的前妻也帶了兒子從鄉下來到城裏，丁氏初不知前妻也到了城裏。對老傳並不十分注意。

丁氏既係一個曾經特務訓練的女人，當然曉得如何掌握權力。她隨老傳到了某市，並不是只去當官太太的，她竟然當起市政府的金庫主任了。做太太只抓住錢根，這是任何女人都知道的，而丁氏既是一個職業婦女，當然更曉得如何抓住錢根了。市長太太自任市政府金庫主任，這當然是一件再得意之事沒有了。

有的女人對於丈夫只要錢，有的女人對丈夫只要人不要錢，而最厲害的女人則人財兩全統要的，丁氏就是這種女人。因此，當她耳聞老傳的前妻已到城裏來了，她當然和老傳大吵大鬧使老傳六神都不安。雖然老傳不曾夜出，而丁氏還不許他白日與前妻相會。

然而，老傳當一個市長，安可白日不能自由之理呢？因此，他就每天利用公出的機會回到前妻家裏去和妻子相會了。丁氏雖兇，對市長的公出她卻無法控制了。經過了一個多月的被老傳白晝「走私」的忍耐之後，她還想不出一種好辦法。她雖然每日老是同車上市政府，但市長的辦公室在二樓，而她的金庫主任辦公室在市政府的地下庫裏，既然不能隨時注意老傅的出入，也無法打聽老傅公出何處，爲了甚麽公事。

不久，她終於想出了一種辦法。想的是甚麽辦法呢？她每天上辦公廳時，把老傅在臥房裏穿的拖鞋帶走。一到了市政府，她叫金庫主任辦公室裏的女工人，拿了拖鞋上市長辦公室，對老傅說一聲：「市長，太太說，怕你皮鞋穿在足上太久了，溼氣太重，將來會有脚氣或風溼病，叫我送拖鞋來把皮鞋換下來。」

老傅在辦公的時候，原不注意此事，以爲太太眞是細心想得到，他也明白太太的急心情，不依她是不行的，於是他隨便順手便把皮鞋脫下來，而那位金庫的女工人卻把皮鞋帶去了。老傅急問：「你把我皮鞋拿去幹麽？」

女工人回答說：「市長，太太吩咐我這樣做的，她怕你因爲公事忙了不肯就把皮鞋換下來，所以吩咐我，要等你換下了，把皮鞋帶給她看，她才放心了！」

「噢！」老傅臉一紅，沒有話再好說了，女工人把市長的皮鞋帶走了，老傅心中明白了這是甚麽一回事。過了兩小時，市長又有事要公出，他叫市長辦公室的工人下去，對太太說，市長要公出，請拿皮鞋去換拖鞋，丁氏又叫女工人把皮鞋送上去，把拖鞋換了回來。

從那天起，丁氏吩咐市長室工人，每逢市長公出，要打電話來金庫，通知丁氏，丁氏就叫女工人送皮鞋上來，市長公出回來了，也打電話來通知，丁氏叫女工人再送拖鞋上來換皮鞋。頭兩天，市政府的男女工人都以爲市長太太未免太細心了，也太認眞了，把皮鞋和拖鞋都留在市長室，給老傅隨時更換不更好嗎，何必如何麻煩呢？

後來此事被傳出去了，大家都知道丁氏之所以這樣做，原來不是爲市長將來的風溼病當心，原來是市長的前妻也在城裏，她怕老傅與前妻相會，所以要知道老傅公出到那裏去？幾時回來，而她一面又派人去查市長的公出是公畢卽返，有無偷去看他的前妻。

老傅爲了這事，當然與丁氏爭吵多次，中間有兩次在家裏竟然雙方動武打出手，而老傅的臉上都留下丁氏的爪痕，經過這兩次，老傅身爲市長，那好臉上時常留下爪痕呢？於是只好俯首聽命，每天在市政府裏拖鞋換皮鞋，皮鞋換拖鞋多少次。

也由這兩次起，老傅對丁氏委實痛恨透頂了，不許他回到前妻處與妻兒相聚，已够不情了，而不穿皮鞋，要穿拖鞋，而且市長在市政府裏不能穿皮鞋要穿拖鞋人人都知道這樣做是爲着怕二太太，不許他會見大太太，這是何等的丟臉的事呀。

然而，丁氏就是這樣潑辣的女人，她就是要這樣做。而且金庫的鎖匙在她手中，老傳的財政掌握在她手裏，不特他無法供應前妻母子的日用，只好迫得先向朋友去借，連自己的零用，也要先向太太說清楚，才能用錢，因此，身爲市長的老傳，天天衣袋底都是朝天，不名一文的。

這樣的夫妻生活，竟然是市長和太太的相處。全市人幾乎都知道市長穿拖鞋因爲怕老婆的事。這當然不是老傳之能長久忍受的事。再加以大太太那裏雖然偷偷的還可以一個月去一二次，那裏還有自己的親骨肉，更不能由丁氏硬把他隔斷的，老傳痛苦到極點了；但他似乎沒有任何的辦法。

這是老傳四十一歲那年春天的事。有一天早晨，全市報紙登載了一條頭號的新聞，標題驚動了全市的人們。看報的人們都以奇異的口吻報導新聞的題目：「市長太太昨夜自殺，兇器乃市長的手槍。」新聞內文乃報導昨夜半夜之後，市長親自打電話給警察局局長，吩咐局長速速派車到市長公館，因爲太太在床上飲彈自盡了。據描述當時的情形，說老傳原有一枝自衛的曲尺手槍，晚上是放在枕頭底下的，子夜之後夫妻兩人在床上不知因爲何事口角起來，丁氏一時氣憤，取了枕底下的手槍，自己向太陽穴開了一槍，就畢命了。

新聞記者又描述，當他們新聞記者到達現場時，丁氏還陳屍床上，並未移動，等待醫生來檢驗，記者也用奇異的筆調，描述那枝丁氏用以自殺的手槍，竟然還握在她自己的手中，不曾放下，也不握緊。

因爲是市長的太太，又是市長親眼看她自殺的，當然不用經過任何的法律手續，第二天就收殮了的。於是就街談巷議，紛紛不一。有的說這位市長小太太實在兇得很，女人那樣兇惡，所以死於非命，有的推測說，她原想打死市長的，被市長壓住在床上，因而手槍在爭奪中走火了的，當然也有的說，這是出於老傅的謀殺，因爲她使丈夫太難堪，太痛苦了。議論的人們，雖然一面責備丁氏的潑辣，而一面卻也對老傅的殺妻行爲尤其是以一個身爲市長的人，未免也太不應該了，太狠心了！

這是抗戰勝利的前一年在公路的汽車上羅一得告訴的事情，那時老傅當是四十四歲了。我們記起了陶半梅和渾天閣主人當年說老傅死於非命之年是四十六歲。所以我就問羅一得，老傅現在還是當市長嗎？羅一得說，老傅好像丁氏死後不久也就去職了，現在也還在汪政府裏做事，做的是甚麽事還不大清楚。

羅一得和我在公路握別後兩年，一九四五年來了，抗戰勝利了，抗戰勝利那年的冬天，我囘到上海。有一天見羅一得。我在囘到上海時，就聽說當時在僞政府中做事的人被捕下獄的人數以千計，於是我就問羅一得，老傅有沒有被捕，因爲他是重慶方面的特務人員，投降了汪精衞政府，我想，除掉他逃跑了，總要被捕的。

「你還不曉得嗎？」羅一得說：「政府接收隊伍一到上海，他就被捕了的。」

我問：「現在怎樣的？」

他說：「現在關在南市，等待軍法裁判。」

我又問：「像他這樣情形，會怎樣？」

他搖搖頭說：「我想，你的那兩位朋友，九年前在杭州西湖西泠飯店替他算的命相會靈的。」

「會靈的？」我頗爲驚奇了，「那末就要處刑了嗎？」

「是的，依我所知，最近就快執行了。」

我聽了一算，那年老傅只是四十五歲，而從前陶半梅的看相和渾天閣的算命，都說他是四十六歲才死於非命的，爲甚麽會在今年四十五歲就死呢？難道這不也是不太靈了嗎。

於是我又對羅一得說，命相要靈的話，老傅今年還不可算是看得夠靈了，說他四十六歲死於非命，而提前一年，算甚麽呢？死於非命能靈了就算很難了。

然而，過了一個月，我沒有聽見老傅的死訊，那時候快要過年了。有一天碰到羅一得，他又用驚異的口氣對我說：「老傅今年可以不死了，因爲有某種的關係，不能不至於處死，所以把他們大約有二十幾人，一起壓到明年才決定；一挨到明年，就可能緩和的。」

那時，我就寫信給北平的渾天閣小主人和陶半梅，告訴他關於老傅過去的事和目下在囚的情形，也說到可能可以免死刑。但不久接到他們兩人的覆信，說是如果今年已經在囚，則必定要挨到明年才會就刑，意思是說明年免不了一死，而且必定死於槍斃的。

事實果然證實了，到了一九四六年的夏天，有一天報上登載上海宋公園槍斃二十六人的消息，老傅就是其中之一人，我追憶老傅的相貌，並無兇惡的死相，有的只是語中有金絲之聲。

五 博士鬧離婚．命中早註定

上海西郊有一個以「教育系」出名的大夏大學，原是由廈門大學鬧風潮分出去的，所以命名爲大夏。這所大學剛由廈門大學分出時，是在上海新閘路一所不很大的屋子裏創辦的。由於師生的合力支持，社會人士的熱心同情，不久就在滬西大西路上自建一所完整的大學。

在民國二十年前後，該大學就以教育系辦得有聲有色，聞名於全國。當時校長是福建興化人歐元懷博士，因爲他本人就是教育系博士，所以教育系就辦得很好。我有好幾個朋友在那裏讀教育系，當時也住在滬西區內，也時常以朋友是該校的學生關係，到大學的圖書館裏去看書，有時也托他們去借書。

有一次他們開紀念會，好像是開校若干週年的紀念會，他們也請我和我的兩位朋友去參加。在沒有開紀念會之前，我們幾個朋友就時常聽到在那裏讀書的朋友談起關於校長歐元懷和教育系系主任邵爽秋博士的大名。邵博士是浙江人，美國教育博士，是當時在全國教授中也算是一個頗有大名的人物。據他們學生述說，他們校裏的同學，不管是不是讀教育系的學生，對這兩位師長，都有同樣的敬愛，不是因爲兩人都是有名的博士，也不是由於兩人都有很好的學問，卻是由於兩人都有很好的品德。當然，一個大學裏的教授有許多，大都是博士，也大都是有學問的，並無足奇，而有好品德的，卻是不大有的，所以學生們對於師長的特別的敬愛，都以品德爲準，這也是人情之常的事。

他們說校長歐元懷之所以使學生們崇敬的，就是他有一個纏小足的鄉下太太，而且夫妻情愛甚篤，有機會和學生講論人格教育時，常常提到自己太太雖是小腳，雖是一個鄉下女人，卻是一個標準的女人，可愛的女人。

因爲當民國初年時中國前往歐美留學的青年人，因爲還在舊時代裏，大都是已經結婚或是已經訂婚的，但是，一去留學之後，不少的人因爲一面受了歐美男女婚姻自由自主的影響，一面由於出於父母之命的婚姻尤其是鄉下女子的不夠漂亮或是不夠時髦，到了留學回來常有休妻之事的，所以歐元懷博士常用此語來教訓學生。

至於學生們對於邵爽秋博士的敬愛，那是另一件事。邵博士當時正在提倡「農村教育」爲全國教育界所重視。他爲配合農村教育，放棄筆挺的西裝，改穿粗布短衫褲，走在路上看來完全是一個鄉下人，一點也看不出是一個留美的博士，是一個全國聞名的教育家。

有一天，他在台上對學生說，他自在北京讀清華大學以至在美留學，回國當大學教授，都是很講究服裝的。現在他爲着分配農村教育，不能不改裝爲鄉下人，才能使農村兒童接受我們的感染。他曾將自己身上解下一條皮帶給學生看，說那條皮帶是花美金五元買的。因爲現在改穿短衫褲了，皮帶不會露出來，所以他還用它，否則連這皮帶也不要了。此種爲教育而犧牲自己物質享受的精神，實在相當難能，也確然值得學生們欽佩的。

因爲我們幾個朋友曾於大夏大學學生的口中對於歐元懷校長和邵爽秋教授如此尊敬的情形，所以我們那天去參加該校紀念會時，也特別注意這兩個人了。

我們朋友之中有一個馬千里君是會看相的，他跟我們一道去的目的並不單是爲着看熱鬧，而是要藉此機會看看大學教授們的相貌，在四十年前，國內由於提倡新文化的關係，大家都十分看重大學教育，當然更尊敬大學校長和教授門了。因爲本來我們中國人是第一看重大官的，但當時民國初年，在政府中當大官的還是靠勢力，靠關係，大多數是沒有甚麼資歷甚麼學問的，而且重要的地位都在北洋軍閥的老粗手裏，所以當時國人大都第一尊重大學教授。

那天我們幾個朋友被他們招待坐在來賓羣中，坐在台下的第一排座子上面，因此，我們大家對於台上的各個教授的面目都能看的很清楚。而馬千里君更是得意了。會後第二天，馬千里對大夏學生中我們的朋友王君，鄭君和林君三人說，依他就看相的道理論歐元懷校長之所以對他那位小腳的鄉下太太很有夫妻情愛，並非由於歐校長的品德高；品德高是另一囘事，他對太太感情好又是一事，品德高的人未必對太太愛情都是好，對太太愛情好的人，也未必品德都是高，這完全是兩件事。

當然學生們不相信這話，根本他們年輕的大學生就不相信甚麼命相之事的。他們認定馬千里這話是毫無根據的，他說是歐元懷夫人的命運好，我們偏說是歐校長的品德好不比他所說的更有根據嗎？因爲歐校長不特對夫人品德好，對別的事也是品德好，而說夫人命好卻沒有其他的佐證的。

馬千里看見他們一班大學生不相信他的話，於是他就問他們：「關於歐校長之事可以暫緩不說而說另一個人，你們看邵爽秋博士對他的太太感情好嗎？邵博士的品德也算夠好嗎？」

「好，夠好，他這兩件事都夠好的。」學生中姓鄭的就這樣說：「大概你馬千里先生又說是他的太太命相好而不是邵教授品德好了是不是？」

「現在我所要說的，恐怕出乎你們的意料之外，」馬千里笑笑地說：「我說邵博士太太的命不好，所以她得不到丈夫的歡心，他（她）倆原是貌合神離的，你們相信我的話嗎？我想你們一定不相信的；但是，事實偏是如此。」

學生中有個姓王的，他是邵爽秋的同鄉，各位之中他可算是和邵爽秋最熟的，他就說：「關於歐校長夫人以命好不好，我們也和你馬先生一樣，是所知不多，只好依自己的推測說說的；至於邵博士的太太，我們是很相識的，她不特命好，而且學問才幹也都好。」

馬千里說：「你和她很熟嗎？那就更好了，你說她好的是甚麼呢？她不是鄉下女人嗎？但是，她不管是不是鄉下女人，她的命總不如歐夫人的。」

「馬先生你剛才所說的許多話，我認為是隨隨便便說的，根本是沒有道理的。」學生的另一位姓林的說：「你是看相的，看相所看的是相，我試問你，不看相而談相，是不是毫無根據的。」

他吞下一口氣又說：「你剛才所說歐夫人，你沒有看見過她；你說邵夫人，你也沒有看見過她，這不是等於無的放矢的毫無根據的話嗎？」

「那不是這樣說的，」馬千里說：「也難怪你這樣說，因爲你們不知道此中道理，每一個人的相貌上，都有六親的形象，所謂六親，就是父子，兄弟，夫婦，所以就面相上可以看出其人的父子兄弟和夫婦的情形。」

王君一聽馬千里如此解釋就覺得自己有些不好意思，原來相貌上有如此的情形，那是他所料想不到的，他原以爲每一個人的相貌只是管自身的吉凶休咎的。於是他就向馬千里追問說：「照你這樣說來，你只要看一個人，就可以知道他的一家人的命運嗎？」

「不是說可以知道他一家人的命運，而是說可以知道他和家人的情形，」馬千里說，「比如說，看出這個人幼年運道甚好，就可以知道他的父母是很好的，如果看出他的幼年是苦相，就可以斷言他的父母不是早故，便是貧窮之人了。所以我們所知道的情形就限於這樣。」

於是那位姓鄭的學生就說：「那末你說邵博士的夫人命不好，說他（她）倆之間是貌合心離，則應當是他們兩人的事，不是邵夫人個人之事，換句話就是說，是邵博士和他夫人兩人命相都不好才是。」

馬千里對鄭君此語頗表示佩服，因爲他能了解此中三昧，的確，夫妻的不和是兩人的事，兩人都沒有幸福，是兩人的命都一樣不好的。於是他就說，「對的你這話說得不錯，他倆貌然既貌合心離，當然兩人都沒有幸福，都是痛苦的，所以應當說他倆都是不好的命相的。」

「不過，」馬千里又接着說：「我之所以說邵博士的太太命不好，也有我的理由；因爲就夫妻的離婚的事來說，吃虧的總是女方，尤其是他倆到了這年齡，邵博士還不難再娶一個比太太更年青更美貌的女子爲妻，而他的太太卻不可能了。因此我說他太太命不好，就是這理由。」

「說甚麼？」姓王的學生驚奇地說：「你說邵博士和他的太太會離婚嗎？那是包你看錯了的，他倆不管他是否貌合心離，我們就他倆的共同生活情形看，離婚絕對不會的。」

姓林的學生也接着說：「你曉得嗎？邵博士太太也是留美的教育碩士，而且夫妻感情並不壞。」

另一位姓鄭的學生說：「如果邵博士眞的會和太太離婚的話，那末看相之事就未免太奇妙了；因爲這事不特是我們不相信，全學校裏的人也不會相信，連他自己也不會相信的。」他們似乎都對馬千里所說的話表示極大的懷疑，他們以邵爽秋那樣埋頭於農村教育的人，必不會作此事的。

那位和邵爽秋同鄉的學生又問：「馬先生，依你看來，邵博士和他的太太如果離婚的話，那是何時之事呢？是今年嗎，還是明年，還是以後若干年的呢？」

馬千里笑笑地囘答道：「如果我說得太遠了，你們一定更不相信了，現在我說的事並不在若干年之後，而是在明年夏間之事，距離現在還不到一年，想你們各位明年也還都在上海，看看我的話對不對。」

這話說說也就算了，他們大學生當然不把它當爲一回事，以爲這只是馬千里個人的看法，命相之事似乎本來就是半信半疑的，可信可疑的，事後他們也不去想它了。

不久，他們這幾個學生無意中卻從興化的同學中，查得歐元懷校長夫人的生辰八字，她是比歐校長大兩歲的，同時，他們也聽說，據人們傳說算命的會算過歐校長夫人的命，說她是「相夫」的命。

她不特能相夫，而歐校長的事業是靠她的命運而發達的。

因爲這話和從前馬千里所說的有些符合，便引起了他們的好奇心，他們想自己把她的八字去問問算命的看看說的對不對，有一天他們幾個同學經過滬西一個工業區叫做「梵王渡」地方，那裏因爲是工業區，下層社會的住宅區，同時也是一個鬧市，所以也有算命看相的地方。

他們看見命舘上掛牌潤例，算一個命只要四角錢；於是他們就走進了一家名叫「賽諸葛」的命舘。他們就把歐元懷校長夫人的八字請算命先生算一算。

這位賽諸葛算名先生面上戴着一副黑眼鏡，他接過了乙張紙條，知道他們的八字是寫在紙條上面。他就問：「是男命還是女命？今年幾歲？何月何日何時出世的？」

此時幾位同學把他注目一看才知道這個算命先生原來是一個瞎子。但是，他們拿來算命的那張紙條上所寫的只是八字，並沒寫年月日時等等。於是他們就把紙上所寫的八個天地支的字念了出來，又說這是一個女人的命，現在病得很重，看看有無危險。瞎子賽諸葛把字念了一下，自己在那裏屈指一算。就說：「不對，不對，這位太太現在很好的，並沒有病，你們是不是聽錯了的？」

這幾位大學生一聽見算命瞎子這樣說，覺得很奇怪，他竟然敢說沒有病，事實也的確沒有病，只是他們故意說試試看算命的工夫如何的，現在既然他敢斷定沒有病，就不敢再胡說了。他們就問瞎子：「如果有病的話怎樣？」

瞎子賽諸葛說：「如果現在她有病，那就是這八字錯了，錯了我就不能算。」學生們看見不能算，那就只好對他老老實實的說是他們聽錯了，大概是沒有病的。

於是賽諸葛就開始把歐校長夫人的八字算一算。接着他就對這三位大學生說：「你們認識不認識這位太太的丈夫？」

「認識。」其中有一人答說。

瞎子賽諸葛又說：「她的丈夫是不是比她還少兩歲？」

三個學生一聽瞎子竟然說了，不勝駭異，其中姓林的就說：「是的，聽說她是比丈夫大的，但不知是否大兩歲。」

「一定大兩歲的，」賽諸葛說：「她的丈夫不特少她兩歲，還靠她的福氣才能夠學成名立的。」

三個學生再聽說「靠她的福氣，」覺得更奇怪了，這完全和馬千里所說是一樣了，於是他們又問：「所謂學成名立到底是甚麽意思呢？是做文官呢，還是當武官呢？」

「學成名立嗎？」瞎子算命的說：「我所說的學成名立，可分爲兩種情形：第一種，是說他青年時，得到女家的幫助完成學業的，第二種，是說他學成之後也是靠他的太太福氣而能成名。」

賽諸葛又說，「至於他的成名之事，不是文官也不是武職，此人不是做官的命。」

學生們越聽越覺得出奇了，算命竟然說歐校長不是做官之命，這又說對了，於是又問：「那是做生意的，是不是？」

瞎子搖搖頭說：「不是，他若不是當教育界，便是當醫學界的，或是其他與文化界有關的事，但絕不是做生意的。就目前情形論，他應是一個教育機關或文化機關裏的首腦人物，而且是有的名聲。」

賽諸葛這話雖然說準了，學生門雖然驚奇了，但他們卻有極大的懷疑，他們就說：「我們眞想不通，何以在太太的八字上能够看出他的丈夫是做甚麽事呢？你可否把其中道理告訴我們一點，讓我們明白明白其中奧妙呢？」

瞎子算命先生賽諸葛，聽出他們幾位都是年青人，就問：「各位好像都是年青人，年青人本來不會相信命運之事的，你們到底做甚麽事的？算這個八字的是你們甚麽人？想問甚麽事要算這八字呢？」

「我們是學生子，我們也要研究研究命理的。」他們之中有人這樣回答了賽諸葛，瞎子算命先生當然不相信這話，就笑道：「我知道你們不會研究命理的，大概爲着興趣，或者看見別人算她的命有何不對的地方，所以要來問我看看對不對。不過，無論如何，你們既然不肯相信，想要知道其中一些道理，這也是應當的，我可以告訴你們。」

於是他就把八字上的道理說出來，他說：「命書上有句名言：女人無命，但見夫星。這就是說，女人的八字中，有自身，也有夫星和子星，而以夫星爲主。女人的八字比男人的八字容易看，因爲她乃以夫星爲主，若是夫星得位，她便是好命了。」瞎子算命先生又繼續解釋說：

「現在這位太太的夫星雖然也是明朗的，換句話說，她的夫星也是主貴的，但只是清貴而非富貴或大貴，只是名高而已，在貴人類中地位並不甚高，但名聲卻是很好的，所以我斷她的丈夫不是官員，只是文化界有地位的人。」

雖然他們對賽諸葛這樣解釋算是聽懂了，但仍莫明其中的奧妙，只好對於歐校長夫人的命運有了一些認識，那就是確然和馬千里所說的關於歐元懷校長的相局並沒有錯，從此，他對命相之事有了一些新的認識。

時間很容易的過去了，到了第二年的春天，他們都是大學生，功課很忙，已把這事也忘了。然而，奇妙地偏在這時候，邵爽秋博士和他的夫人，因爲對於農村教育問題，發出了重大的爭執。邵博士主張從事農村教育工作人員，不管男女都要一律改爲鄉下裝束，一面節省教育人士的消耗，一面也可以取得農村人民以及學生的好感，對於實施教育都是有利的。

但是，邵博士夫人自己也是一位教育碩士，而且因爲自己平日喜歡美觀，服裝很是整齊，所以她不贊同丈夫邵爽秋的主張，自己主張教育應以着重實質，不必着重形式，而邵氏所主張的卻是太呆板形式，所以她不贊成。

就因爲這個問題的爭執，邵博士和他的太太竟然以鬧離婚之事盛傳於外間。這是馬千里替邵爽秋博士看相的第二年春間的事，所說邵爽秋要和太太離婚也就是本年的夏間，這謠傳的消息顯然有些靈驗了。

然而，學生們卻不相信會有此事，因爲他們還偶然見邵博士和他的太太雙出雙入於大夏大學的校門，一點也不像有甚麼意見不睦有鬧離婚的樣子。同時，學生們又以爲，邵博士是一個眞正名符其實的人，是一個「爽」如「秋」風的人物，心中有甚麼話都要說出來的，如果他和夫人意見不合，他也會在講堂上對學生說明甚麼理由的。

於是，有一天上課的時候，學生也就爽直地問他，說是外間傳聞邵教授和夫人關於農村教育某些問題意見未能融洽，有無其事。學生們當然不敢太唐突地就說到鬧離婚之事，邵博士一聽到學生們這樣問，覺得有些奇怪，就說：「對於農村教育問題的意見，不特中國教育家有各種不同的主張，就是外國，教育家中的意見也不一致不足爲奇。」他輕描淡寫地把這個問題交代了一邊，繼續教他的書。

大學生畢竟是不容易打發的，他們也發現邵教授今天的說話有些避重就輕的手法，不像往日那樣，每對學生發問的一個問題，他必定要發揮盡致的講解，於是學生又進一步問：「那末，夫人對於農村教育的意見，是否也難免和教授不盡一致的地方？」

「當然，」邵博士說：「她是女，我是男，她是都市女子，我是農村男子，她是碩士，我是博士，她是妻，我是夫，安得不有不同的地方呢？」

他又繼續補充說：「不過，無論如何，我的主張不會被改變的！」

這時候，學生們從博士的口氣中聽出了他有些不愉快的心情，因爲他年來曾在報章上雜誌上發表過關於農村教育的主張，曾表示他要以「不入虎穴，焉得虎子」的精神去從事實現他的主張，任何勢力他都不會向它們低頭，改變他的主張的。於是這一班讀教育系的學生，就趁這機會對他表示說：「我們都是你的信徒，絕對擁護你的主張，我們也是不會向任何惡勢力低頭的——我們要復興農村！」

「是的，謝謝你們！」邵爽秋博士聽見學生如此表示自覺得意地說：「你們給我很大的安慰，你們比我的太太更好，她若能也和你們一樣，那就好了！」

這種繫之感慨的話，既出自邵博士之口，學生們當然又要抓住機會向他追問了，他們說：「夫人和教授意見不同的地方嚴重不嚴重？會不會影響到你們的合作呢？如果你的主張不改，而她的見解也不改變的話，又將如何呢？教授的主張我們是知道了也是擁護的，但不知夫人有何不同意見，可以見告一二嗎？」

「可以告訴你們的，」邵博士士說：「事情很簡單，並不是教育原理上的衝突，祇是做法的不同，她不贊成我的農村教育人員的農村生活的做法，因爲她是都市女，不能過農村的生活。然而，我早已公開在文字上說過了，不能過農村生活的人，只能在都市裏當形式主義的教育人士，不配擔任復興農村教育的神聖責任，所以我和她的意見衝突相當嚴重，這是思想上也是生活上的衝突。」

此時學生中有個姓鄭的就說：「那末，教授，你為甚麽不說服她呢？如果你的主張不能得到夫人的擁護，那是影響很大的，你應想盡方法說服她才好，否則，這神聖的農村教育事業，因為你們夫妻兩人就不能合作了，勢必至受到極大影響的，不知教授以為然否？」

「我知道，那是當然的，」邵爽秋回答說：「不單是我想說服她，而她也想說服我哩！不過，恐怕都市永遠是都市，農村永遠是農村，她說服我不成，我說服她也不成，所以我們兩人已到了不能合作的時候了！」

於是學生中就有多人惋惜說，像這種情形若在一般人身上是不為奇也不必顧慮；因為一般人對於處事的意見常有衝突，衝突了儘可不合作，而夫妻二人之間而且是共同方教育事業，有了此種情形就太可惜了，而且影響你們兩位的名譽地位更大，所以不能不特別顧慮的。

接着邵爽秋博士頗有意氣地對學生們說：「你們爲我設想，我該怎樣處理此事？是我應當向她低頭呢，還是她應當向我服從呢？依你們看我的主張有沒有需要收正的地方呢？」

學生中多數不敢開口說話，因爲這問題似乎關係夫妻的合作問題，又看見老師顯然有些氣憤，當然不敢多嘴，恐怕有失言之過。但其中也有一個學生這樣說：「這裏有對人與對事兩個問題，如果重視夫妻的感情，彼此應當互相讓步，雙方修正自己的主張，或是一方放棄自己的主張也都可以達到和睦的目的。」

另有一個學生不待這話說完，截着說：「這似乎不宜用於邵教授的現在情形，因爲那只是一般的家庭事故，當然只有夫妻雙方或一方讓步，而今日邵教授之事是國家的教育問題，是完完全全的對事問題，所以不是彼此讓步問題，而彼此對事的認識問題，同時也是表現人格問題。」

「對的，」前面那位學生又繼續說：「所以我說這是對人問題，如果就對事來說，那就不是用感情可以處理了，看看那一方對自己所主張的事具有信心與毅力，就只好夫妻兩人對此事不必合作，各人做各人的，不相侵犯，其實，夫妻未必同業也可以做很好的夫妻而無憾的。」

此時邵博士用很沉重的聲音回答他們說：「我今天可以告訴各位，我不會改變我的主張，我已對她表示，如果我們對此事不能合作，夫妻也不能維持下去的，因為她表示强硬，她說不能依我的主張，所以我們兩人，於上半月起，已經試行分居了，她和我的岳母同住，我是獨居我自己家中的。」他又補充說：「此事外間人尚不知道，望你們暫時不要揚出去。」

邵博士說到這裏，那位和他同鄉的學生站起來，以驚奇的口氣說：「邵教授，你千祈不可作此事，去年校慶的時候，我們之中會邀請幾個朋友來參加，其中有一個會看相的，是馬千里先生，他看你的相，說是你有與妻離異之相，我們不信，我們都認定這不是邵教授和師母兩人所為之事，所以當時我們譏笑他胡說八道，江湖之言。

「但是，那馬千里說，此事不會在很遠，很遠才發生不會叫我們眼見相信，他說此事今年夏間就會發生的。我們幾人本不相信老師今年會有此事的，但剛才聽見老師說出了這實在的情形，眞使我們怕了，我不願意老師這樣做。」

邵爽秋博士聽見學生這樣說，不禁驚奇地說：「眞的有此事嗎？那就太奇怪了！」

他停了好久才又說：「我記起了一事，當我十五年前去美國留學的時候，我的姨母想把她的女兒與我訂婚，這位表妹原是我中學的同學，我家裏和我本人也都喜歡她。因為我母親特別喜歡這位表妹，所以要我出國留學前先和她訂婚，我自己也願意。

「但因姨母和姨丈是舊老派人物，要我的生辰八字拿去和表妹合婚。這一合卻合壞了，算命的說我們兩人不能合，說我的命有與妻離異的命，所以姨母不要我了，我當時也很生氣，不是因為婚姻不成生氣，是氣我的姨丈姨母不看我本身，而看重我的命運。

「也因為這樣，所以母親就吩咐我，以後由我自由去擇偶，唯一的條件就是不要娶外國女子，因為第一，將來生子一半像外國人很不好；第二，她若在世，婆媳之間言語不通也是不甚方便之事。同時她也不將我的出生時辰告訴我，說以後和女家說親，如果女家要我的八字，我說不出生辰就無法合婚的，所以我後來和我太太結合是自由的。

「現在被你一提到此事，倒使我驚奇了，我今年確然很有與我太太離婚的可能，現在已經分居月餘的了，再過幾個月，到了夏間，也就是我們兩人於上月試行分居時約定可以離婚的限期了，這不太奇怪嗎？」

教育博士邵教授說了這一段話之後，全班學生大多數都很驚奇命運之事竟然有如此的奧妙。但是，其中卻也有不相信命運的，說這只是偶然的湊合，絕沒有命運之事，尤其是關於結婚離婚之事，我們絕對有自主之權，絕不至於要受命運的支配的。於是他們就向邵博士提議，說是試以此事向命運挑戰，今年偏偏不離婚，看看如何。

這話當然說得太有理了，尤其是一般青年學生，都認爲邵博士無妨以身作則，試和命運鬬一鬬，看看是命運强呢，還是自己的決定强呢？邵博士聽了點點頭，心中暗想，我們中國有句老話，「時勢造英雄」，這時勢也就是命運，人似乎要受時勢的造就，受命運的支配。這就教育言就是所謂「環境」，但教育的效果卻可以「適應」也可以「改造」環境的。

不久，學生們果然聽見邵博士又和夫人同居的消息。據說，這就是邵博士要運用教育原理來改造自己的命運；因爲另有一句和「時勢造英雄」相反的一句是說「英雄造時勢」，他想做一個自我改造命運的英雄。但是，事實偏偏相反，夫妻恢復同居不久又衝突，而且比以前更嚴重。他也把學生所說的話告訴太太，說是有個看相的去年校慶時看他今年夏間有與妻離婚的可能，勸她彼此忍耐，不要任性，免得被看相的看準了。但是，他的太太卻利用此事對他反攻，說這是他的相有毛病，她的相並無此缺點，同時更問他，看相的有沒有說他關於他主張的農村生活化的農村教育成功不成功？

邵博士說，他對此事不必問看相的，他自己相信必定成功。於是太太就說，她也自信她不會被離婚，因爲她不至於離婚，所以相信她的農村教育的主張會實現。太太勸他去問看相，不要太自信，如果看相的說他的教育主張不會成功的話，就不必堅持自己的主張，不是就用不着離婚嗎？

當然這話不是邵博士所能接受，他不特不能去取決於看相先生，他似乎寧可與太太離婚，不願更改自己的主張的。太太一氣，就說他完全是自私，是務名，不顧客觀的事實，完全是靠個人的幻想，所以是不會成功的。

這樣夫妻兩人各執一端無法調和，迫不得已，到了夏天果然又宣告分居了。此次分居似乎比較正式；因爲曾經在朋友面前宣布的，再次宣布分居之後，邵博士不免受太太的一句話有所不安。就是他的太太會叫他去問看相的，他所主張的農村教育有沒有成功希望，萬一依然不成功，何必爲了自己的主張和她決裂鬧離婚呢？

當然，夫妻兩人都是爲人師表的人，而且在教育界有地位的人，離婚不是太便當的事，所以他倆至多也只能分居。他倆的朋友對他倆的分居也並不太重視，因爲知道他倆都不是有甚麽不能不分居的事情，只是各人太自尊，也帶有一些無謂的意氣作用，只要不正式離婚，不久就會和好的。所以朋友們不去勸他倆，只是偷偷地向邵博士的岳母貢獻意見，要她只許兩人暫時分居，不許離婚。

邵博士的岳母原是一個很講家教的老夫人，她前次對他倆鬧意見分居時，就曾在朋友面前對邵博士說，關於他倆的鬧意見，她做母親的不能教管她的女兒，因爲這不是甚麽「三從四德」問題，而是教育主張問題。

她說，各人爲了自己的主張夫妻離異固然也可以，但必須一方的主張可以實現，而另一方不肯放棄自己主張，那時才有離婚的理由，所以有她在世一日，同時還沒有看邵博士的主張可以實現之前，她是不許邵博士和女兒離婚的，因爲這只是小孩子鬧脾氣，並非教育家的理想。

老夫人這種主張大家都認爲很正確，而邵博士自然也無可奈何。上次他倆夫妻也分居差不多一年，但他倆也有時還是見面的，有一次快到老夫人的生日的時候，老夫人通知邵博士，說是過幾天她生日，要到杭州西湖去過生日，那裏有許多親戚朋友多不知道，他既然尚未與太太離婚，當然也還是她的女婿，他就不能不去，一到了杭州西湖大家一起玩幾天，兩人也不用別人去勸告竟然在西湖旅館又同房了。

所以此時邵博士和太太縱然衝突得比上次更嚴重，卻依然沒有離婚的條件，也只好宣告分居而已。就是分居，有時老夫人去一個電話，說是她自己弄了一件邵博士喜歡的家鄉菜來吃一頓飯，他也照樣來到岳母家中，和分居的太太陪着老岳母吃一頓飯的。

有一天邵博士想起看相的事，就對他的學生也就是從前告訴他關於馬千里替他看相的那二三位學生，閒談關於看相算命的事，學生們當然也把他們曾把歐元懷校長夫人的八字拿去算命的情形告訴他，他覺得很奇怪，很想自己去看看到底是甚麽一囘事。

當時他本來想請馬千里面談一次，問他關於自己和太太離婚的事，可惜那時馬千里去了天津不在上海，於是他聽見學生告訴他梵王渡地方有個瞎子算命也不錯，就約了學生在一個下雨的下午一道到梵王渡去算命，他把要算的人的八字給學生，要學生開口，他自己打算在那裏聽聽。

那天他交給學生的八字共有四個人，兩個是他自己和太太，一個是太太的哥哥，另一個是博士的妹妹。因爲邵博士和太太的哥哥是同歲，而妹子比太太少一歲，他的意思試試看瞎子算命能否看出這四個人的關係若何。

他叫學生先算太太的哥哥，次算太太，再次算妹妹，最後算他自己。學生當然依他的吩咐行事。邵博士自己坐在一邊不說話，假做是跟來看熱鬧的人。

算命先生原是一個十足的瞎子，他是看不見有幾個人來算命的，他只能依聽覺來辨人，有幾個人開口出聲說話，他就能記着有幾個人說話的，因此邵博士坐在一邊老不開聲說話，瞎人算命是不知道他自己坐在那裏的。

於是學生就把邵博士的大舅子八字先報出，問算命說：「此君的六親情形以及前途問題。」瞎子屈指心算了一會，就對大家說：「這位先生是你們的甚麼人？」因爲當時一起去是四個人，除邵爽秋博士一個人默默地坐在一邊不說話外，還有三個學生是都開口說話的，所以瞎子才這樣問。

「他是我們的親戚，本來他自己也想來的，臨時有事不能來，而我們又早已約定了的，所以他就托我們給他看看，他想出門謀事，到底何時可以出得門，可以謀得比較現時更好的事做嗎？」這一套話，也都是邵博士事先叫學生這樣說的，當然，這也是可能的事，並不太勉强。

奇怪的，瞎子算命竟然笑笑地說：「你們說他本來也想來我這裏嗎？絕無此事，這是你們有意騙我的。」

「先生，我們並不想騙你的，我們受他所托，是花錢請你算命的，如果騙你，你也可以看得出的，騙也沒有用。」學生中有一個人這樣解釋，希望瞎子能够相信。

但是，瞎子卻越聽越胡塗，他想了一下，索性說個明白才是，他說：「如果此人還在上海，那末他的八字就是不對的，因爲依我看來，此君早已在外國做事，而這一外國應在我們中國的東方。」

「爲甚麽你偏說他不在上海而在我國的東方呢？」學生說：「你是否說他早已歸西了嗎。」

瞎子回答說：「並不是，我說的是他實實在在的事情，他早在外國留學的。」

這一斷定，眞使邵博士大爲驚奇了，他的舅子早歲在美國留學，這是一般人所不知道的，而今瞎子算命果然說準了，這豈不奇怪嗎？於是邵博士就取了一張紙條，寫了幾個字遞給學生，寫的是這樣：「請問他，此人現在做何事，幾時可以回鄉？他故鄉家中尙有何人？」

於是學生就照這字條請命算命先生，瞎子說：「此君宜在中國的東方，近的在日本？遠的就在美國，他不是商人，也不是官宦，更不是工人，他是一個文人，該是在那裏當教員的。至於他何時可以回到故鄉，大概是後年的下半年。現在他的故鄉家裏，老母健在，也還有二個弟妹。」

邵博士在旁聽見算命先生如此把妻家的情形在舅子八字上說得一點也不錯，眞是他所莫明其妙了，舅子的命略談了之後，接着就是邵博士的夫人了。在邵博士心中，以爲先看男命後看女命，可使算命先生誤認爲兩人是夫妻的。

眞是奇怪，當學生把邵夫人的八字報出後，瞎子竟然說：「這女人好像就是剛才那位男人的妹子。」

學生就問：「聽說算命只能看出兄弟，不能看出姊妹，你爲甚可以看出姊妹呢？」

「是的，」瞎子說：「本來是不看姊妹的，但因因剛剛才看過那個男命，現在又看這個女命，這兩人是兄妹的命就被看出來了。」

「你何以知道他們必是兄妹而偏不是夫妻呢？」學生說：「我的朋友托我今天一共要算四個命，兩個男人兩個女人，我也不知他們到底是兄妹還是夫妻。」

瞎子笑笑地說：「夫妻是夫妻的命，絕對不會把兄妹的命看爲夫妻的。」接着就說：「這位太太可算是女中丈夫，可惜是女人，若是男人，她是可以做官的。不過，雖然她不能做官，卻也能在社會上頗有地位的。」

學生知道這是邵夫人的命，就特別追問關於夫妻的問題，說：「照先生看，這位女人的夫妻情形如何呢？她的丈夫是不是做官的？夫妻感情好嗎？」

瞎子答道：「她的丈夫是很好的，雖然不是官老爺，卻也是一個很有地位的人物，但是，可惜這兩年來夫妻感情有些不和，雖然還沒有到離婚的地位，卻也與離婚差不多了，看來近幾個月應是已經實行分居了的。」

邵博士聽到瞎子這樣說，急急又取出紙筆，寫了紙條遞給學生，叫他問瞎子，夫妻關係最後如何，會不會離婚，接着瞎子就說：「看來這女人的命雖硬，卻沒有與夫離婚的命，目前雖然因爲了一些事情意見不合，暫時分居，過了今年霜降之後，夫妻就會言歸於好的。」

第三個就是算邵博士妹子的命，學生把八字報出後，就問：「這位太太是不是頭一個那位男命的太太？」

瞎子沒有答話，只係屈指在算，一會他說：「這位女人也不是剛才那男命的太太，她兩年前已和丈夫離婚了的，依她的命運看，明年她可能再嫁人。」

此時邵博士又寫一張字條給學生，問的是這個女人前年離婚爲的是甚麼事？明年再結婚嫁的是甚麼樣的人？

學生照問之後，瞎子說：「此女人有怪癖，不得丈夫喜歡，所以她的丈夫先有了外遇，而她因有怪癖，又不肯忍耐，所以她的丈夫還不想和她離婚，而她自己卻先離開了丈夫，所以她的丈夫便迫得只好和她離婚了。」

此時學生因爲不知瞎子說得對不對，就看着邵博士，而邵博士就笑笑地向學生點點頭，承認他的妹子過去的情形確然如此，瞎子說得並沒有錯。至於明年她要嫁給甚麼人問題，瞎子說：「此女人近兩月來已交入了桃花運，這桃花是正桃花，所以她眼前所交上的這個男朋友，大概就是明年所要嫁的人。」

最後看到邵博士自己。事先邵博士吩咐學生說，他只要問兩件事：一件是自己所提倡的農村教育事可否成功？一件事和太太會不會離婚。八字報出之後，瞎子立即斷定他和第二個的那位女命是夫妻的命。因此關於她和太太離婚問題用不着問了，接着就問到他職業之外的一件事業是否成功問題。瞎子也斷然說他這事只是空中樓閣，說來好聽，卻不可能成功的。邵博士聽到算命說他的農村教育之事不能成功，心中甚爲不樂。又寫字叫學生問：「硬要做的話，可有希望嗎？」

瞎子囘答說：「徒勞無功！」

因爲算命的情形使邵博士感到莫明其妙，迫他不能不對太太讓步，過了那年的霜降之後，果然結束了差不多一年鬧離婚的喜劇，而所謂農村教育的事業，也果如算命之言，徒勞無功，毫無成就。

占筮類			
1	擲地金聲搜精秘訣	心一堂編	沈氏研易樓藏稀見易占秘鈔本
2	卜易拆字秘傳百日通	心一堂編	
3	易占陽宅六十四卦秘斷	心一堂編	火珠林占陽宅風水秘鈔本
星命類			
4	斗數宣微	【民國】王裁珊	民初最重要斗數著述之一；未刪改本
5	斗數觀測錄	【民國】王裁珊	失傳民初斗數重要著作
6	《地星會源》《斗數綱要》合刊	心一堂編	失傳的第三種飛星斗數
7	《斗數秘鈔》《紫微斗數之捷徑》合刊	心一堂編	珍稀「紫微斗數」舊鈔秘本
8	斗數演例	心一堂編	
9	紫微斗數全書（清初刻原本）	題【宋】陳希夷	斗數全書本來面目；有別於錯誤極多的坊本
10-12	鐵板神數（清刻足本）——附秘鈔密碼表	題【宋】邵雍	無錯漏原版　秘鈔密碼表　首次公開！
13-15	蠢子數纏度	題【宋】邵雍	蠢子數連密碼表　打破數百年秘傳　首次公開！
16-19	皇極數	題【宋】邵雍	清鈔孤本附起例及完整密碼表　研究神數必讀！
20-21	邵夫子先天神數	題【宋】邵雍	附手鈔密碼表　研究神數必讀！
22	八刻分經定數（密碼表）	題【宋】邵雍	皇極數另一版本；附手鈔密碼表
23	新命理探原	【民國】袁樹珊	子平命理必讀教科書！
24-25	袁氏命譜	【民國】袁樹珊	
26	韋氏命學講義	【民國】韋千里	民初二大命理家南袁北韋
27	千里命稿	【民國】韋千里	
28	精選命理約言	【民國】韋千里	北韋之命理經典
29	滴天髓闡微——附李雨田命理初學捷徑	【民國】袁樹珊、李雨田	命理經典未刪改足本
30	段氏白話命學綱要	【民國】段方	民初命理經典最淺白易懂
31	命理用神精華	【民國】王心田	學命理者之寶鏡

32	命學探驪集	【民國】張巢雲	發前人所未發 稀見民初子平命理著作
33	澹園命談	【民國】高澹園	
34	算命一讀通——鴻福齊天	【民國】不空居士、覺先居士合纂	
35	子平玄理	【民國】施惕君	
36	星命風水秘傳百日通	心一堂編	
37	命理大四字金前定	題【晉】鬼谷子王詡	源自元代算命術
38	命理斷語義理源深	心一堂編	稀見清代批命斷語及活套
39－40	文武星案	【明】陸位	失傳四百年《張果星宗》姊妹篇 千多星盤命例　研究命學必備
相術類			
41	新相人學講義	【民國】楊叔和	失傳民初白話文相術書
42	手相學淺說	【民國】黃龍	民初中西結合手相學經典
43	大清相法	心一堂編	重現失傳經典相書
44	相法易知	心一堂編	
45	相法秘傳百日通	心一堂編	
堪輿類			
46	靈城精義箋	【清】沈竹礽	沈氏玄空遺珍 玄空風水必讀
47	地理辨正抉要	【清】沈竹礽	
48	《玄空古義四種通釋》《地理疑義答問》合刊	沈瓞民	
49	《沈氏玄空吹虀室雜存》《玄空捷訣》合刊	【民國】申聽禪	
50	漢鏡齋堪輿小識	【民國】查國珍、沈瓞民	
51	堪輿一覽	【清】孫竹田	失傳已久的無常派玄空經典
52	章仲山挨星秘訣（修定版）	【清】章仲山	章仲山無常派玄空珍秘 門內秘本首次公開 沈竹礽等大師尋覓一生末得之珍本！
53	臨穴指南	【清】章仲山	
54	章仲山宅案附無常派玄空秘要	心一堂編	
55	地理辨正補	【清】朱小鶴	玄空六派蘇州派代表作
56	陽宅覺元氏新書	【清】元祝垚	簡易・有效・神驗之玄空陽宅法
57	地學鐵骨秘　附　吳師青藏命理大易數	【民國】吳師青	釋玄空廣東派地學之秘
58－61	四秘全書十二種（清刻原本）	【清】尹一勺	玄空湘楚派經典本來面目 有別於錯誤極多的坊本

62	地理辨正補註 附 元空秘旨 天元五歌 玄空精髓 心法秘訣等數種合刊	【民國】胡仲言	貫通易理、巒頭、三元、三合、天星、中醫
63	地理辨正自解	【清】李思白	公開玄空家「分率尺、工部尺、量天尺」之秘
64	許氏地理辨正釋義	【民國】許錦灝	民國易學名家黃元炳力薦
65	地理辨正天玉經內傳要訣圖解	【清】程懷榮	秘訣一語道破，圖文并茂
66	謝氏地理書	【民國】謝復	玄空體用兼備、深入淺出
67	論山水元運易理斷驗、三元氣運說附紫白訣等五種合刊	【宋】吳景鸞等	失傳古本《玄空秘旨》《紫白訣》
68	星卦奧義圖訣	【清】施安仁	三元玄空門內秘笈 清鈔孤本 過去均為必須守秘不能公開秘密 與今天流行飛星法不同
69	三元地學秘傳	【清】何文源	
70	三元玄空挨星四十八局圖說	心一堂編	
71	三元挨星秘訣仙傳	心一堂編	
72	三元地理正傳	心一堂編	
73	三元天心正運	心一堂編	
74	元空紫白陽宅秘旨	心一堂編	
75	玄空挨星秘圖 附 堪輿指迷	心一堂編	
76	姚氏地理辨正圖說 附 地理九星并挨星真訣全圖 秘傳河圖精義等數種合刊	【清】姚文田等	蓮池心法 玄空六法 門內秘鈔本首次公開
77	元空法鑑批點本——附 法鑑口授訣要、秘傳玄空三鑑奧義匯鈔 合刊	【清】曾懷玉等	
78	元空法鑑心法	【清】曾懷玉等	
79	曾懷玉增批蔣徒傳天玉經補註【新修訂版原（彩）色本】	【清】項木林、曾懷玉	
80	地理學新義	【民國】俞仁宇撰	揭開連城派風水之秘
81	地理辨正揭隱（足本） 附連城派秘鈔口訣	【民國】王邈達	
82	趙連城傳地理秘訣附雪庵和尚字字金	【明】趙連城	
83	趙連城秘傳楊公地理真訣	【明】趙連城	
84	地理法門全書	仗溪子、芝罘子	巒頭風水，內容簡核、深入淺出
85	地理方外別傳	【清】熙齋上人	巒頭形勢、「望氣」「鑑神」
86	地理輯要	【清】余鵬	集地理經典之精要
87	地理秘珍	【清】錫九氏	巒頭、三合天星，圖文並茂
88	《羅經舉要》附《附三合天機秘訣》	【清】賈長吉	清鈔孤本羅經、三合訣法圖解
89-90	嚴陵張九儀增釋地理琢玉斧巒	【清】張九儀	清初三合風水名家張九儀經典清刻原本！

91	地學形勢摘要	心一堂編	形家秘鈔珍本
92	《平洋地理入門》《巒頭圖解》合刊	【清】盧崇台	平洋水法、形家秘本
93	《鑒水極玄經》《秘授水法》合刊	【唐】司馬頭陀、【清】鮑湘襟	千古之秘，不可妄傳匪人
94	平洋地理闡秘	心一堂編	雲間三元平洋形法秘鈔珍本
95	地經圖說	【清】余九皋	形勢理氣、精繪圖文
96	司馬頭陀地鉗	【唐】司馬頭陀	流傳極稀《地鉗》
97	欽天監地理醒世切要辨論	【清】欽天監	公開清代皇室御用風水真本
三式類			
98－99	大六壬尋源二種	【清】張純照	六壬入門、占課指南
100	六壬教科六壬鑰	【民國】蔣問天	由淺入深，首尾悉備
101	壬課總訣	心一堂編	過去術家不外傳的珍稀六壬術秘鈔本
102	六壬秘斷	心一堂編	
103	大六壬類闡	心一堂編	
104	六壬秘笈——韋千里占卜講義	【民國】韋千里	六壬入門必備
105	壬學述古	【民國】曹仁麟	依法占之，「無不神驗」
106	奇門揭要	心一堂編	集「法奇門」、「術奇門」精要
107	奇門行軍要略	【清】劉文瀾	條理清晰、簡明易用
108	奇門大宗直旨	劉毗	天下孤本　首次公開
109	奇門三奇干支神應	馮繼明	虛白廬藏本《秘藏遁甲天機》
110	奇門仙機	題【漢】張子房	奇門不傳之秘　應驗如神
111	奇門心法秘纂	題【漢】韓信（淮陰侯）	
112	奇門廬中闡秘	題【三國】諸葛武侯註	
選擇類			
113－114	儀度六壬選日要訣	【清】張九儀	清初三合風水名家張九儀擇日秘傳
115	天元選擇辨正	【清】一園主人	釋蔣大鴻天元選擇法
其他類			
116	述卜筮星相學	【民國】袁樹珊	民初二大命理家南袁北韋
117－120	中國歷代卜人傳	【民國】袁樹珊	南袁之術數經典

占筮類			
121	卜易指南(二種)	【清】張孝宜	民國經典，補《增刪卜易》之不足
122	未來先知秘術——文王神課	【民國】張了凡	內容淺白、言簡意賅、條理分明
星命類			
123	人的運氣	汪季高(雙桐館主)	五六十年香港報章專欄結集！
124	命理尋源	【民國】徐樂吾	民國三大子平命理家徐樂吾必讀經典！
125	訂正滴天髓徵義		
126	滴天髓補註 附 子平一得		
127	窮通寶鑑評註 附 增補月談賦 四書子平		
128	古今名人命鑑		
129-130	紫微斗數捷覽(明刊孤本)[原(彩)色本] 附 點校本 (上)(下)	馮一、心一堂術數古籍整理編校小組 整理	明刊孤本 首次公開！
131	命學金聲	【民國】黃雲樵	民國名人八字、六壬奇門推命
132	命數叢譚	【民國】張雲溪	子平斗數共通、百多民國名人命例
133	定命錄	【民國】張一蟠	民國名人八十三命例詳細生平
134	《子平命術要訣》《知命篇》合刊	【民國】鄒文耀、【民國】胡仲言 撰	《子平命術要訣》科學命理；《知命篇》易理皇極、命理地理、奇門六壬互通
135	科學方式命理學	閻德潤博士	匯通八字、中醫、科學原理！
136	八字提要	韋千里	民國三大子平命理家韋千里必讀經典！
137	子平實驗錄	【民國】孟耐園	作者四十多年經驗 占卜奇靈 名震全國！
138	民國偉人星命錄	【民國】囂囂子	幾乎包括所民初總統及國務總理八字！
139	千里命鈔	韋千里	失傳民初三大命理家-韋千里 代表作
140	斗數命理新篇	張開卷	現代流行的「紫微斗數」內容及形式上深受本書影響
141	哲理電氣命數學——子平部	【民國】彭仕勛	命局按三等九級格局、不同術數互通借用
142	《人鑑——命理存驗·命理擷要》(原版足本)附《林庚白家傳》	【民國】林庚白	傳統子平學修正及革新、大量名人名例
143	《命學苑苑刊——新命》(第一集)附《名造評案》《名造類編》等	【民國】林庚白、張一蟠等撰	史上首個以「唯物史觀」來革新子平命學結集
相術類			
144	中西相人探原	【民國】袁樹珊	按人生百歲，所行部位，分類詳載
145	新相術	【美國】字拉克福原著、【民國】沈有乾編譯	通過觀察人的面相身形、色澤舉止等，得知性情、能力、習慣、優缺點等
146	骨相學	【民國】風萍生編著	結合醫學中生理及心理學，影響近代西、日、中相術深遠
147	人心觀破術 附運命與天稟	【日本】管原如庵、加藤孤雁原著，【民國】唐真如譯	觀破人心、運命與天稟的奧妙

148	《人相學之新研究》《看相偶述》合刊	盧毅安	集中外大成，無不奇驗；影響近代香港相術名著
149	冰鑑集	【民國】碧湖鷗客	各家相法精華、相術捷徑、圖文並茂附名人照片
150	《現代人相百面觀》《相人新法》合刊	【民國】吳道子輯	失傳民初相學經典二種　重現人間！
151	性相論	【民國】余晉龢	民初北平公安局專論相學與犯罪專著（犯罪學生物學派）
152	《相法講義》《相理秘旨》合刊	韋千里、孟瘦梅	命理學大家韋千里經典、傳統相術秘籍精華
153	《掌形哲學》附《世界名人掌形》《小傳》	【民國】余萍客	圖文并茂、附歐美名人掌形圖及生平簡介
154	觀察術	【民國】吳貴長	可補充傳統相術之不足
堪輿類			
155	羅經消納正宗	【明】沈昇撰、【明】史自成、丁孟章合纂	失傳四庫存目珍稀風水古籍
156	風水正原	【清】余天藻	●積德為求地之本，形家必讀！
157	安溪地話（風水正原二集）		●純宗形家，與清代欽天監地理風水主張大致相同
158	《蔣子挨星圖》附《玉鑰匙》	傳【清】蔣大鴻等	窺知無常派章仲山一脈真傳奧秘
159	樓宇寶鑑	吳師青	陽宅風水必讀、現代城市樓宇風水看法改革
160	《香港山脈形勢論》《如何應用日景羅經》合刊		香港風水山脈形勢專著
161	三元真諦稿本——讀地理辨正指南	【民國】王元極	被譽為蔣大鴻、章仲山後第一人 內容直接了當，盡揭三元玄空家之秘
162	三元陽宅萃篇		
163	王元極增批地理冰海 附批點原本地理冰海	【清】高守中　【民國】王元極	
164	地理辨正發微	【清】唐南雅	極之清楚明白，披肝露膽
165-167	增廣沈氏玄空學　附　仲山宅斷秘繪稿本三種、自得齋地理叢說稿鈔本（上）（中）（下）	【清】沈竹礽	玄空必讀經典！附《仲山宅斷》幾種鈔本及批點本，畫龍點晴、披肝露膽，道中刊印本未點破的秘訣
168-169	巒頭指迷（上）（下）	【清】尹貞夫原著、【民國】何廷珊增訂、批注	圖文并茂：龍、砂、穴、水、星辰九十九變 洩漏天機：蔣大鴻、賴布衣挨星秘訣及用法
170-171	三元地理真傳（兩種）（上）（下）	【清】趙文鳴	蔣大鴻嫡派真傳張仲馨一脈二十種家傳秘本、宅墓案例三十八圖，並附天星擇日
172	三元宅墓圖　附　家傳秘冊		
173	宅運撮要	【民國】尤惜陰（演本法師）、榮柏雲	撮三集《宅運新案》之精要
174	章仲山秘傳玄空斷驗筆記　附　章仲山斷宅圖註	【清】章仲山傳、【清】唐鷺亭纂	無常派玄空不外傳秘中秘！二宅實例有斷驗及改造內容
175	汪氏地理辨正發微　附　地理辨正真本	【清】蔣大鴻、姜垚原著、【清】汪云吾發微	蔣大鴻嫡派張仲馨一脈三元理、法、訣具體泄露 三百年來最佳《地理辨正》註解！石破天驚！
176	蔣大鴻家傳歸厚錄汪氏圖解	【清】蔣大鴻、【清】汪云吾圖解	
177	蔣大鴻嫡傳三元地理秘書十一種批注	【清】蔣大鴻原著、【清】汪云吾、【清】劉樂山註	

178	《星氣(卦)通義(蔣大鴻秘本四十八局圖并打劫法)》《天驚秘訣》合刊	題【清】蔣大鴻 著	江西興國真傳三元風水秘本
179	蔣大鴻嫡傳天心相宅秘訣全圖附陽宅指南等秘書五種	【清】蔣大鴻編訂、【清】汪云吾、劉樂山註	蔣大鴻徒張仲馨秘傳陽宅風水「教科書」！
180	家傳三元地理秘書十三種		真天宮之秘 千金不易之寶
181	章仲山門內秘傳《堪輿奇書》附《天心正運》	【清】章仲山傳、【清】華湛恩	直洩無常派章仲山玄空風水不傳之秘
182	《挨星金口訣》、《王元極增批補圖七十二葬法訂本》合刊	[民國]王元極	秘中秘——玄空挨星真訣公開！字字千金！
183-184	《家傳三元古今名墓圖集附謝氏水鉗》《蔣氏三元名墓圖集》合刊(上)(下)	(清)孫景堂，劉樂山，張稼夫	蔣大鴻嫡傳風水宅案、幕講師、蔣大鴻、姜垚等名家多個實例，破禁公開！
185-186	《山洋指迷》足本兩種 附《尋龍歌》(上)(下)	【明】周景一	風水巒頭形家必讀《山洋指迷》足本！
187-196	蔣大鴻嫡傳水龍經注解 附 虛白廬藏珍本水龍經四種(1-10)	【清】蔣大鴻編訂、【清】楊臥雲、汪云吾、劉樂山註	蔣大鴻嫡傳一脈授徒秘笈 希世之寶 千年以來，師師相授之秘旨，破禁公開！完整了解蔣氏嫡派真傳一脈三元理、法、訣！ 附已知最古《水龍經》鈔本等五種稀見《水龍經》
197	批注地理辨正直解	【清】章仲山	無常派玄空必讀經典未刪改本！
198	《天元五歌闡義》附《元空秘旨》(清刻原本)		
199	心眼指要(清刻原本)		
200	華氏天心正運	【清】華湛恩	
201-202	批注地理辨正再辨直解合編(上)(下)	【清】蔣大鴻原著、【清】姚銘三再註、【清】章仲山直解	失傳姚銘三玄空經典重現人間！ 名家：沈竹礽、王元極推薦！
203	章仲山注《玄機賦》《元空秘旨》附《口訣中秘訣》《因象求義》等九種合刊	【清】章仲山	近三百年來首次公開！ 章仲山無常派玄空秘密，和盤托出！ 章仲山注《玄機賦》及章仲山原傳之口訣及筆記
204	章仲山門內真傳《三元九運挨星篇》《運用篇》《挨星定局篇》《口訣篇》等合刊	【清】章仲山、柯遠峰等	
205	章仲山門內真傳《大玄空秘圖訣》《天驚訣》《飛星要訣》《九星斷略》《得益錄》等合刊	【清】章仲山、冬園子等	
206	撼龍經真義	吳師青註	近代香港名家吳師青必讀經典
207	章仲山嫡傳《翻卦挨星圖》《秘鈔元空秘旨》 附《秘鈔天元五歌闡義》	【清】章仲山傳、【清】王介如輯撰	透露章仲山家傳玄空嫡傳學習次弟及關鍵不傳之秘
208	章仲山嫡傳秘鈔《秘圖》《節錄心眼指要》合刊		
209	《談氏三元地理大玄空實驗》附《談養吾秘稿奇門占驗》	【民國】談養吾撰	史上首次公開「無常派」下卦起星等挨星秘密之書
210	《談氏三元地理濟世淺言》附《打開一條生路》		了解談氏入世的易學卦德爻象思想
211-215	《地理辨正集註》附 《六法金鎖秘》《巒頭指迷真詮》《作法雜綴》等(1-5)	【清】尋緣居士	集《地理辨正》一百零八家註解大成精華 匯巒頭及蔣氏、六法、無常、湘楚等秘本 史上最大篇幅的《地理辨正》註解
216	三元大玄空地理二宅實驗(足本修正版)	【民國】尤惜陰(演本法師)、榮柏雲撰	三元玄空無常派必讀經典足本修正版

217	蔣徒呂相烈傳《幕講度針》附《元空秘斷》《陰陽法竅》《挨星作用》	【清】呂相烈	蔣大鴻門人呂相烈三元秘本三百年來首次破禁公開！
218	挨星撮要（蔣徒呂相烈傳）		
219－221	《沈氏玄空挨星圖》《沈註章仲山宅斷未定稿》《沈氏玄空學（四卷原本）》合刊（上中下）	【清】沈竹礽　等	揭開沈氏玄空挨星五行吉凶斷的變化及不同用法 章仲山宅斷未刪本、沈氏玄空學原本佚文、玄空挨星圖稿鈔本　大公開！
222	地理穿透真傳（虛白廬藏清初刻原本）	【清】張九儀	三合天星家宗師張九儀畢生地學精華結集
223－224	地理元合會通二種（上）（下）	【清】姚炳奎	分發兩家（三元、三合）之秘，會通其用 詳解注羅盤（蔣盤、賴盤）；義理、斷驗俱精
其他類			
225	天運占星學　附　商業周期、股市粹言	吳師青	天星預測股市，神準經典
226	易元會運	馬翰如	《皇極經世》配卦以推演世運與國運
三式類			
227	大六壬指南（清初木刻五卷足本）		六壬學占驗課案必讀經典海內善本
228－229	甲遁真授秘集（批注本）（上）（下）	【清】薛鳳祚	明清皇家欽天監秘傳奇門遁甲 奇門、易經、皇極經世結合經典
230	奇門詮正	【民國】曹仁麟	簡易、明白、實用，無師自通！
231	大六壬探源	【民國】袁樹珊	民初三大命理家袁樹研究六壬四十餘年代表作
232	遁甲釋要	【民國】徐昂	推衍遁甲、易學、洛書九宮大義！
233	《六壬卦課》《河洛數釋》《演玄》合刊		疏理六壬、河洛數、太玄隱義！
234	六壬指南（【民國】黃企喬）	【民國】黃企喬	失傳經典　大量實例
選擇類			
235	王元極校補天元選擇辨正	原【清】謝少暉輯、【民國】王元極校補	三元地理天星選日必讀
236	王元極選擇辨真全書　附　秘鈔風水選擇訣	【民國】王元極	王元極天昌館選擇之要旨
237	蔣大鴻嫡傳天星選擇秘書注解三種	【清】蔣大鴻編訂、【清】楊臥雲、汪云吾、劉樂山註	蔣大鴻陰陽二宅天星擇日日課案例！
238	增補選吉採源	【民國】袁樹珊	按表檢查，按圖索驥：簡易、實用！
239	《八風考略》《九宮撰略》《九宮考辨》合刊	沈瓞民	會通沈氏玄空飛星立極、配卦深義
其他類			
240	《中國原子哲學》附《易世》《易命》	馬翰如	國運、世運的推演及預言